MARK BENECKE
Warum Nacktbilder zu
Gedächtnislücken führen

Weitere Titel des Autors:

Aus der Dunkelkammer des Bösen
Brandmal
Dem Täter auf der Spur
Kriminalbiologie
Lachende Wissenschaft
Mein Leben nach dem Tod
Mordmethoden
Mordspuren
Mumien in Palermo
Viren für Anfänger
Warum man Spaghetti nicht durch zwei teilen kann
Warum Tätowierte mehr Sex haben

Über den Autor

Dr. Mark Benecke, geb. 1970, Kriminalbiologe, arbeitet als Molekularbiologe und Wirbellosenkundler an kriminalistischen und rechtsmedizinischen Fragen und der Biologie des Todes, ist Gastdozent und -professor an Universitäten in den USA, den Philippinen, Vietnam und Kolumbien sowie Ausbilder an Polizeiakademien und Gast u. a. an der FBI-Akademie und der »Body Farm«.

MARK BENECKE

WARUM NACKTBILDER ZU **GEDÄCHTNIS LÜCKEN** FÜHREN

Die verrücktesten Erkenntnisse vom Spaß-Nobelpreis

lübbe

Vollständige Taschenbuchausgabe
der bei Bastei Lübbe erschienenen Ausgaben:
Warum Tätowierte mehr Sex haben
Lachende Wissenschaft

Copyright © 2023 by Bastei Lübbe AG

Umschlaggestaltung: Tanja Østlyngen
Einband-/Umschlagmotiv: Phil Johann @Sallyhateswing
für @nullzwei_podcast
Satz: two-up, Düsseldorf
Gesetzt aus der Dolly
Druck und Verarbeitung: GGP Media GmbH, Pößneck

Printed in Germany
ISBN 978-3-404-61747-0

5   7   8   6   4

Sie finden uns im Internet unter luebbe-life.de
Bitte beachten Sie auch: lesejury.de

INHALT

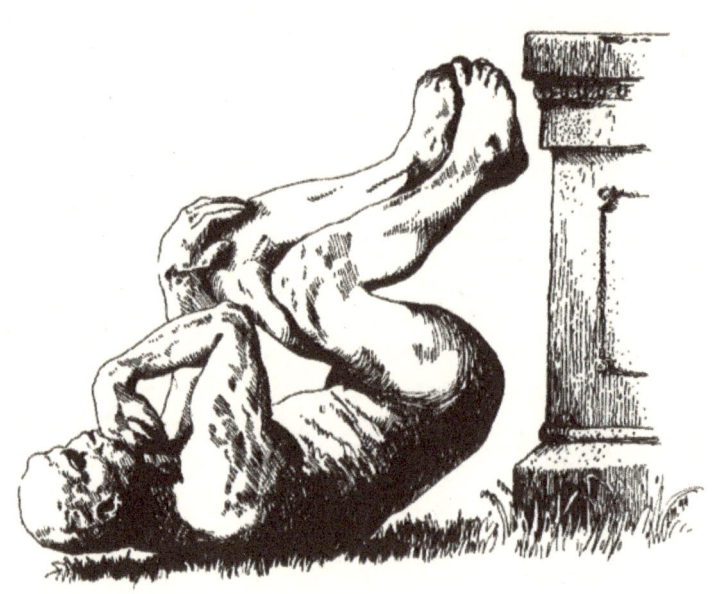

Logo der *Annals of Improbable Research* (AIR)

EINLEITUNG

Wissenschaftlerinnen und Wissenschaftler mögen sich mit Geld, Sex, dem Zustand der Welt oder der Gesundheit herumärgern, aber ein Problem haben sie nie: Langeweile. Diese Aussage werden Sie immer wieder hören, wenn Sie Forscher fragen, warum sie ihr scheinbar so spezielles und langweiliges Fach gewählt haben. »Es gibt in meinem Gebiet noch so viel Neues zu entdecken«, heißt es dann, »mein Leben reicht dazu nicht aus.«

Ein bunter Trupp internationaler Forscherinnen und Forscher hat sich vorgenommen, dabei das Lachen nicht zu vergessen. Viele dieser Forscher arbeiten gemeinsam an der Zeitschrift *Annals of Improbable Research* (AIR). Dort sammeln sie alles, was sich zwar verrückt anhört, aber doch mit dem Werkzeugkasten der heutigen Wissenschaften ermittelt wurde.

Im Laufe der letzten Jahre hat sich diese kleine, nerdige* (mit Sternchen* gekennzeichnete Ausdrücke werden am Ende des Buches in dem Kapitel »Wissenschaftliche Begriffe« näher erläutert) Sammlung von Forschungsarbeiten unerwartet stark ausgeweitet. Neben den Ig-Nobelpreisen*, die jedes Jahr an der Harvard-Universität in Cambridge (USA) kurz vor den echten Nobelpreisen verliehen werden, bringt beispielsweise der öffentlich-rechtliche Sender *radioeins* jeden Samstagmorgen live meine Kolumne, vor allem mit Forschungsbeiträgen, die es trotz Nominierung *nicht* zum Ig-Nobelpreis geschafft haben. Hier finden sich oft noch witzigere Ideen als bei den preisgekrönten Arbeiten.

Aus dieser Minishow mit ig-noblem Inhalt aus Berlin/Brandenburg ist dann der wohl erste deutsche Wissenschafts-Podcast geworden (markypod.com). Es gab dabei, passend zum Inhalt der Sendungen, immer wieder denkwürdige Sendeorte, beispielsweise eine Alpenhütte, den Hamburger S-Bahnhof »Schlump«, eine heruntergekommene Telefonzelle an der Kreuzung Second Avenue/St. Mark's Place in Manhattan, den Moskauer Flughafen, einen brasilianischen Hotelkeller, ja sogar einen Bahnsteig in Transsilvanien.

Manchmal werden Ig-Nobelpreise auch an Forschende verliehen, die sich mal oder mal nicht als Wissenschaftlerinnen und Forscher bezeichnen. Dazu zählen der Erfinder des Grizzlybären-Schutzanzugs (Sparte Sicherheit, 1998, siehe: *Grizzlybären fürchten Cola*), Wahrheit und Lüge beim Tratschen (Frieden, 2022) sowie der Vatikan, der bezahlte Auftragsgebete von preiswerten Priestern in Indien beten lässt (Wirtschaft, 2004).

Ein besonders großes Herz hat das AIR-Team für forschende Kinder. Sie sind von Natur aus gute Forscher, denn Kinder frage immer weiter »Warum?« – mag die Umgebung darüber auch noch so genervt sein. Genau das machen Wissenschaftler auch. Deshalb ist es kein Wunder, dass der verrückte Forscher im Kino meist kauzig, zurückgezogen und scheinbar zerstreut ist. Er konzentriert sich auf Fragen, die dem Rest der Welt egal sind, wenn nicht sogar ziemlich abwegig erscheinen. Sehr wirklichkeitsnah ist das beispielsweise im Film *Das Schweigen der Lämmer* umgesetzt, in dem zwei Zoologen mit Kakerlaken Schach spielen. Ich könnte auf Anhieb mehrere Kollegen nennen, die so etwas ähnliches schon gemacht haben.

Um auch normale Menschen zum Tüfteln anzuregen, hat der Herausgeber der *Annals of Improbable Research*, Marc Abrahams, eine kleine Anleitung verfasst, wie man auch ohne Laborgeräte jede beliebige Forschungsarbeit prüfen kann: Suchen Sie sich einen Forschungsbericht heraus, der Sie besonders interessiert und testen Sie es.

Die Autor:innen des Artikels (und die Gutachter:innen) haben ihren Artikel geschrieben und zum Abdruck freigegeben, weil sie meinen, etwas bislang Unbekanntes herausgefunden zu haben.

1. Stimmt das, was im Artikel steht? Wann »stimmt« überhaupt etwas?
2. Haben die Autor:innen mit ihrem Experiment die Frage geprüft, die sie prüfen wollten?
3. Gibt es mindestens eine bessere oder genauso gute andere Erklärung als diejenige, welche die Autoren als richtig annehmen?
4. Sind die Autoren sich selbst gegenüber absolut ehrlich? Beweisen ihre Messergebnisse wirklich etwas, oder biegen die Autoren bloß alles in Richtung ihrer (Wunsch-)Annahme?
5. Das Forschungsgebiet hört sich komisch an. Ist es das?
6. Das Forschungsgebiet hört sich wichtig und fortschrittlich an. Ist es das?

Sie sehen: Forschende glauben erst einmal gar nichts. Seien auch Sie respektlos, wenn Ihnen ein wissenschaftliches Ergebnis seltsam vorkommt. Denn weder »das wurde aber untersucht« noch »amerikanische Wissenschaftler haben herausgefunden«, noch ein Doktor- oder Professorentitel beweisen irgendetwas. Nur Experimente tun das.

Viele Experimente, selbst solche, die auf den ersten Blick als Unsinn erscheinen, erklären etwas, das bis dahin wirklich niemand wusste. Und nur darum geht es den Forschenden: Splitter der Welt zu verstehen – und wie kleine Kinder ewig weiter »Warum?« zu fragen.

Glasgow, August 2023
Mark Benecke

ALTE MÄNNER VERSCHÄTZEN SICH IN DER ANZAHL IHRER SEXUALPARTNERINNEN

Glaubt man Umfragen unter Männern, so haben sie bis zu viermal mehr Bettgefährtinnen als Frauen Bettgefährten. Das ist natürlich nicht möglich. Es muss ein ungefähres Verhältnis von eins zu eins herauskommen.

Eine mögliche Erklärung für den drei- bis vierfachen Frauenüberschuss wären Besuche bei Prostituierten oder mehr oder weniger flotte Dreier mit mehreren Frauen pro Mann.

Doch das wollte Martina Morris, heute Soziologie-Professorin an der Universität Washington, nicht glauben. Stattdessen vertiefte sie sich am Institut für Mathematik der Universität Cambridge in England und an der Columbia-Universität in New York in alle seriösen Befragungen zur Anzahl von Geschlechtspartner und -partnerinnen.

Dass auf der Erde viermal mehr Frauen als Männer leben, konnte sie dabei als mögliche Erklärung ausschließen. Das Verhältnis liegt heute zum Zeitpunkt der Geburt in reichen Ländern bei ungefähr 1,06 Jungen pro einem Mädchen.

Auch einen Stichprobenfehler (Stichprobe[*]) konnte sie nicht ausmachen. Ein Beispiel für einen solchen wäre, dass nur 60-jährige Männer und unter 16-jährige Frauen befragt worden wären. In diesem Fall hätte man eine tatsächlich vorhandene, unterschiedliche Gesamtzahl von Sexualpartnern ermittelt.

Auch Prostituiertenbesuche erklärten den starken Überhang nicht. Innerhalb von fünf Jahren nahmen nur ungefähr drei Prozent der Männer die Dienste der in den USA höflich *commercial sex workers* genannten Damen in Anspruch. Obwohl diese Zahl etwas zu niedrig liegen dürfte, spiegelt sie aber doch wider, dass auch hier kein Verhältnis von eins zu vier entstehen kann.

Nun wurde es spannend. Kollegin Morris entzerrte die verschiedenen Statistiken auf einer verlängerten Y-Achse (= Anzahl Geschlechtspartner) und fand, dass es haargenau bei angeblich 30, 40, 50 und 100 Geschlechtspartnern unerklärliche Häufungen gab – aber nur bei den befragten Männern, nicht bei den Frauen.

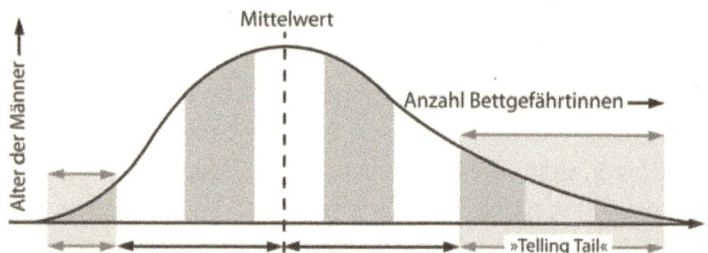

Manchmal entstehen in Statistiken auf einer Seite Überhänge (*telling tails*). Die sogenannten Fehlverteilungen können ForscherInnen irreführen, wenn sie beispielsweise glauben, dass eine gleichmäßige, glockenförmige Verteilung vorliegen müsste. Der dann errechnete Mittelwert (siehe Pfeil) ist in solchen Fällen zwar rechnerisch richtig, trägt aber nicht die erfragte Information.

Daraus folgt: (Vor allem ältere) Herren können sich erstens nicht so genau an die Anzahl ihrer Partnerinnen erinnern und runden deshalb auf.

Zweitens verschätzen sie sich im Zweifel kräftig nach oben, weil das offenbar sozial erwünscht ist. In Wahrheit, so zeigt die Detailanalyse, haben 90 Prozent der Menschen weniger als 20 Geschlechtspartner in ihrem Leben. Bei dieser – der größten – Gruppe sinkt das Geschlechterverhältnis dann auch auf sinnvolle 1,2 zu 1.

Drittens gibt es einige Männer, die tatsächlich eine sehr hohe Anzahl von Partnerinnen haben und dies in Befragungen auch gern zugeben. Das bewirkt aber eine nach oben verzerrte durchschnittliche Anzahl von sexuellen Gefährtinnen. Wissenschaftlich heißt dieser verfälschende Effekt *telling tails*. Gemeint ist damit, dass die in einer Kurve aufgetragenen, seitlichen Ausziehungen *(tails)* auf einer Seite einen überstarken Einfluss auf das Ergebnis ausüben (siehe Abb.).

Wenn Sie die Untersuchung der Kollegin Morris im Bekanntenkreis fortführen wollen, hier noch ein Tipp von ihr: Fragen Sie ältere Herren wegen derer Gedächtnis-Ungenauigkeiten nur nach der Anzahl der Sexualpartnerinnen innerhalb der letzten fünf Jahre (also nicht im Verlauf des gesamten Lebens). Da sich die meisten Menschen wenigstens an die letzten Jahre noch erinnern können, tritt der Häufungsfehler bei den runden Zehnerwerten nicht mehr auf.

IG-GESAMTNOTE: Herrlich. Leider zu spät eingereicht beziehungsweise vom Komitee verbummelt. Erhält von mir aber eine titanene Erwähnung für konsequente Anwendung gesunden Menschenverstandes (TEfkAgM).

Martina Morris (1993), »Telling tails explain the discrepancy in sexual partner reports«. In: *Nature*, Nr. 365, S. 437–440.

KLEBRIGE DUSCHVORHÄNGE

Die Physik-Lehrenden der Welt irren, obwohl es ein so schönes Schulbeispiel ist: Der Bernoulli-Effekt (siehe: *Bernoulli und Bananenflanken*) ist nur teils daran schuld, dass Duschvorhänge in kleinen Nasszellen stets ihre eiskalten Falten in Richtung Nieren und Gesäß der menschlichen Opfer ausstrecken.

Dem Kollegen David Schmidt von der Universität Massachusetts war es komisch vorgekommen, dass ein Duschstrahl – genauer gesagt, die dicken Duschwassertropfen – für den entstehenden Unterdruck verantwortlich sein sollten. Als Experte für feinst verteilte, sehr schnell bewegte Tröpfchen setzte Schmidt sich daher nach getaner Arbeit an seinen heimischen Rechner und baute dort eine Nasszelle aus 50 000 Mini-Raum-Einheiten nach. Dann ließ er die Lieblings-Software der Flüssigkeitsdynamiker darüberlaufen.

Erstaunlicherweise zeigten sich dabei nur direkt am Duschkopf starke Bernoulli-Effekte. Sobald sich die dicken Tropfen beim Fallen spalteten, bewirkten sie stabile Verwirbelungen der sie umgebenden Luft. Diese kleinen Möchtegern-Windhosen bestehen zwar immer nur so lange, wie Wasser nachströmt. Ihr Sog bewirkt aber zugleich unvermeidlich, dass der Duschvorhang auch im unteren Kör-

Verwirbelungen durch kleine Duschtropfen bewirken, dass der Duschvorhang an den Körper der Duschenden greift.
Simulation von David Schmidt mit Softwarevon Fluent Inc.

perbereich angezogen wird, wo Bernoulli-Kräfte mangels dicker Tropfen nicht mehr stark wirken würden. Gerade da also, wo der Körper des Duschenden am empfindlichsten ist, schmiegt sich das nasse Textil durch Wirbelwind-Unterdruck anstelle der Bernoulli-Kräfte an.

»Es sind echte Wirbelwinde, die in der Duschzelle herrschen«, sagt Schmidt, »allerdings liegen die Wirbel auf der Seite und saugen den Vorhang daher auch seitlich zum Duschenden an.

Der Wirbel entsteht, weil die Tropfen zwar von der Schwerkraft nach unten gezogen, aber gleichzeitig vom Luftwiderstand gebremst werden. Da für jede Aktion eine gleiche Gegenaktion besteht, bewegt sich stattdessen nun die Luft. Die entstehenden stabilen Luftkreisel sind die Mini-Windhosen.«

Würden die Duschtropfen während ihres Fallens dick bleiben, dann gäbe es keine Windhöschen, sondern nur oben in der Duschzelle einen normalen Bernoulli-Unterdruck. Dort würde er uns aber nicht stören, denn das nasse Textil ist hier an einer Stange befestigt und kann sich dem Körper nicht nähern.

»Wichtig ist«, schiebt Kollege Schmidt per E-Mail nach, »dass ich das Ganze nur für kaltes Wasser untersucht habe. Ich erhalte ständig Anfragen, was passiert, wenn man warm duscht. Ich sage dann einfach, dass ich eben kaltes Duschen vorziehe. Die Wahrheit ist: Bei warmem Wasser wird der Duschvorhang wahrscheinlich noch stärker und schneller angesaugt.«

Übrigens sind Duschvorhänge auch sonst eine spannende Sache. Bei der Recherche lernte ich beispielsweise, dass die fiesen Dinger vor ihrer Beschichtung mit Wasser abweisenden Materialien »gekrumpft« werden. »Nur so kann eine einlaufsichere, bügel- und geruchsfreie Ware erzielt werden«, verriet uns ein V-Mann, blieb aber angesichts des neuen Terminus technicus (gekrumpft?) ungewollt kryptisch.

IG-GESAMTNOTE: Ohne Funding*, mit viel Aufwand (zwei Wochen am privaten Rechner) und in der Freizeit erforscht, dazu nützlich und interessant: Den Ig-Nobelpreis für Physik nahm Prof. Schmidt im Jahr 2001 in Harvard persönlich entgegen. Er bedankte sich bei der Jury mit zwei Duschhauben.

BERNOULLI UND BANANENFLANKEN

Wenn Flüssigkeiten und Gase strömen, üben sie einen geringeren Druck auf ihre Umgebung aus, als wenn sie sich nicht bewegen. Je höher die Geschwindigkeit, desto geringer wird der Druck, den sie auf irgendetwas ausüben.[1]

Warum hebt ein Flugzeug vom Boden ab, wenn es anrollt? Nach einer Regel, die man auf den Schweizer Forscher Daniel Bernoulli (1700–1782) zurückführt, liegt das nicht daran, dass die Luft die schräg gestellten Flügel einfach »nach oben drückt« (so wie eine schräg gestellte Hand, die man aus dem Fenster eines fahrenden Autos streckt). Denn wenn das Hochdrücken auch bei Flugzeugen funktionieren würde, bräuchten die Tragflächen nicht so eigentümlich gekrümmt sein, wie sie es sind.

Das Flugzeug soll stattdessen nach oben gesaugt werden. Der Grund: Die Tragflächen sind auf der Oberseite stärker gekrümmt, sodass die Luft dort einen längeren Weg zurücklegen muss als auf der weniger stark gekrümmten Unterseite der Tragfläche. Die »gehetzte«, oben schneller strömende Luft soll einen Unterdruck erzeugen, der das Flugzeug nach oben hebt.

---

1 Bei Gasen bleibt die Summe aus statischem Druck und kinetischer Energiedichte immer gleich. Deswegen muss in einem Rohr mit unterschiedlichem Querschnitt der statische Druck an engen Stellen kleiner sein als an weiten Stellen. Dort, wo der Rohrquerschnitt geringer ist, herrscht also ein Unterdruck im Vergleich zum Druck außerhalb des Rohrs.

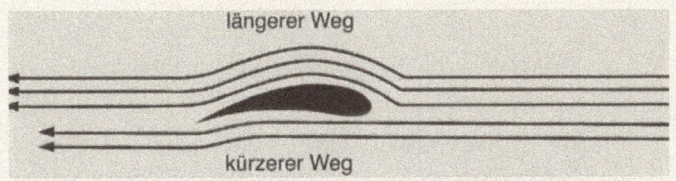

längerer Weg

kürzerer Weg

Die Luft auf der Oberseite des Vogel- oder Flugzeugflügels legt einen längeren Weg zurück als die Luft auf der Unterseite. Das soll einen Unterdruck auf der Oberseite des Flügels, also den Zug noch oben hin, bewirken.

Richtig überzeugend ist diese Erklärung zumindest bei Flugzeugen aber nicht, denn die Luft auf der Oberseite des Flügels »weiß« ja nicht, wie schnell die Luft auf der Unterseite strömt. Man vermutet heute, dass der Bernoulli-Effekt an Tragflächen komplizierter verläuft, nämlich durch zusätzliche Luftverwirbelungen. Diese erzeugen den Unterdruck. Auch die Experimente mit den Tropfen am Duschvorhang zeigen, dass die Schulbucherklärungen zwar sehr schön, aber deswegen nicht unbedingt richtig sind.

Den Bernoulli-Effekt gibt es aber trotzdem, und er erklärt sehr viele Alltagserscheinungen:

■ Fährt ein Motorrad nah an einem LKW vorbei, wird es an den Laster gesaugt. Der Grund: Durch den verengten Raum zwischen LKW und Motorrad strömt die »eingeengte« Luft schneller. Das erzeugt einen Bernoulli-Unterdruck. Dasselbe passiert langen Ruderbooten, die auf einem Fluss an einem Frachter vorbeifahren. Im entstehenden Spalt zwischen Boot und Schiff fließt nun aber nicht die Luft, sondern das

Wasser schneller und erzeugt die Saugwirkung. Der Sog entsteht auch bei gleich großen Objekten, beispielsweise zwischen zwei Frachtern, die während des Überholens auf einem Fluss nebeneinander fahren und dabei aneinander gezogen werden.

- Auch bei Eckbällen wirkt der Bernoulli-Effekt. Der Fußball wird dabei etwas seitlich angekickt, sodass er einen Drall erhält. Durch die raue Oberfläche des Balls wird eine dünne Luftschicht mitgedreht. Dabei entsteht ein leichter einseitiger Unterdruck. Der Bogenflug des Balls (Bananenflanke, Eckball um die Mauer herum) entsteht aber erst durch eine weitere Kraft. Auf derjenigen Seite des Balls, auf der die normale Umgebungsluft entgegen der mitgerissenen Luftschicht um den Ball strömt, entwickelt sich eine Querkraft, die zusammen mit dem Unterdruck den Ball eine Kurve fliegen lässt. Je schneller sich der Ball dreht, desto gebogener ist die Flugbahn, ein Effekt, den auch Tischtennis-(Schnippeln) und Tennisspieler (Topspin, Slice) kennen. Diese Kraft heißt nach ihrem Entdecker Heinrich Gustav Magnus (1802–1870) Magnus-Effekt.

- Ein stets verblüffendes Experiment in der naturwissenschaftlichen Anfängervorlesung ist dieses: Durch ein Rohr, das in eine Platte mündet, wird reichlich Luft gegen die Saaldecke geblasen. Nähert man das Rohr der Decke, so »klebt« es auf einmal daran fest und kann sogar ein ordentliches Gewicht tragen.

Zur Erklärung dient die Bernoulli-Regel. Zwischen der Platte und der Zimmerdecke entsteht ein Spalt.

Die dort eingeengte Luft wird schnell hindurchgepresst und erzeugt dabei einen Unterdruck im Vergleich zur Luft im übrigen Raum. Darum saugt sich die Platte an, obwohl der Luftstrom auf die Zimmerdecke gerichtet ist. Man müsste eigentlich vermuten, dass dieser Luftstrom das Rohr von der Decke wegdrückt – ohne die zusätzliche Platte würde das auch geschehen.

Das Ganze funktioniert auch um 180 Grad gedreht: Steckt man einen Strohhalm bündig durch einen Bierdeckel und pustet hinein, so kann man ein Blatt Papier problemlos damit ansaugen – obwohl man dagegen pustet.

- Unsere Stimmlippen werden nicht nur durch Muskeln, sondern auch durch Bernoulli-Luft bewegt. Strömt zwischen ihnen beim Sprechen oder Singen Luft, so geraten sie näher aneinander und schließen sich ganz, um sich dann, mangels Luftstrom, sofort wieder zu öffnen. Das geht blitzschnell – bei Männern etwa 125-mal pro Sekunde (tiefe Stimme), bei Frauen ungefähr 200-mal pro Sekunde (höhere Stimme) und bei Kindern etwa 300-mal (hohe Kinderstimme). Die Stimmlippen können aber auch bewusst oder vererbt länger oder kürzer beziehungsweise mehr oder weniger gespannt sein. So kommt es, dass sie bei sehr tiefen Stimmlagen nur 80 Schwingungen pro Sekunde, bei hellen Sopranlagen aber auch bis zu 1000 pro Sekunde ausüben.

TÖDLICHE GETRÄNKEAUTOMATEN

Das Ig-Nobelpreiskomitee hat manchmal einen morbiden Humor. Es begann 1992, als die ärztlichen Kollegen Cosio & Taylor berichteten, dass neuerdings Menschen unter der Last von 324 Kilo (leer) bis 455 Kilo (voll) schweren Getränkeautomaten verstarben. Merkwürdig war dabei, dass es sich bei den Opfern erstens meist um US-Soldaten handelte, die zweitens im Ausland stationiert waren und drittens durchschnittlich nur 19,8 Jahre alt waren. Noch merkwürdiger war,

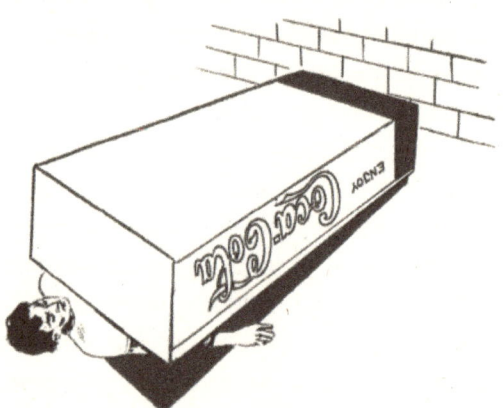

Wer Getränkeautomaten schüttelt, sollte sich vorher über deren Schwerpunkt informieren.

Zeichnung nach Spitz & Spitz, 1990.

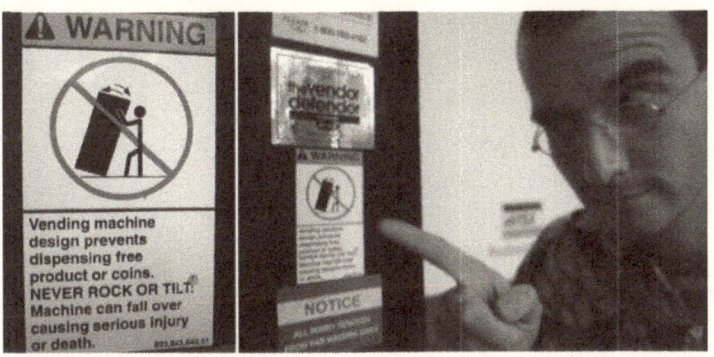

Da der Schwerpunkt der Maschinen nicht mehr umkonstruiert werden kann, mussten Warnaufkleber angebracht werden.

dass die starken Jungs immer auf dem Rücken, also mit dem Gesicht zum auf ihnen liegenden Apparat, angetroffen wurden.

Ein Blick in die Literatur brachte auch in den USA Erschreckendes zutage. 1989 waren in San Diego vier Automatenopfer zu beklagen (zwei hatten mit Brüchen und Schwellungen überlebt), eine andere Studie brachte 19 weitere Fälle aus der Gegend um Washington an den Tag (vier Tote, 15 Verletzte). 1987 war das Jahr des schlimmsten Getränkeautomaten-Terrors: 22 Opfer der wild gewordenen Maschinen wurden in Krankenhäuser oder Leichenhallen eingeliefert.

Was geschehen war, konnten die in 15,5 Prozent der Fälle anwesenden Begleiter der Erdrückten erklären. Unter den jungen US-Soldaten kursierte das Gerücht, kräftiges Rütteln am Automaten zwänge diesen zur Gratisgabe eines Getränkes.

Das stimmte auch. Allerdings lag der Schwerpunkt der Automaten sehr hoch, weil die Suppen und Säftesirups in

Plastikkanistern in der oberen Hälfte der Geräte sitzen. Bei zu heftigem Zerren und Reißen verlagert sich der Schwerpunkt unvermutet in Richtung Schnorrer.

Die jungen Leute – anstatt wegzulaufen – rissen nun reflexartig ihre Arme nach vorn und sanken so langsam aber sicher samt Getränkespender auf den Boden. Helfen konnten sie sich nicht, denn 450 Kilogramm sind auch für gut trainierte Soldaten nicht mehr zu stemmen. Die Schwächeren wurden erschlagen, die Stärkeren erstickten nach langsamer Brustkorb- und Lungenkompression.

Folge: Die Automaten werden heute entweder angekettet oder mit Klebeschildchen versehen, auf denen steht: »Nicht rütteln!« Der Autor hat sich an der FBI-Akademie und anderswo in den USA schon aus solchen Geräten bedient.

Es gibt sogar einen Namen für das traurige Syndrom: »Soda Pop Vending Machine Injuries« oder kurz »Killer Pop Machines«. Höhere Dienst-Ränge waren bislang von den Automaten übrigens nicht betroffen. Die Oberen verdienen wohl genügend, um eine Dose Limo bezahlen zu können.

IG-GESAMTNOTE: Heiß geliebt vom deutschen Jurymitglied, das in der Kindheit die österreichische Krimiserie *Kottan ermittelt* sah (dort verliert der Kaffee-Automat den fairen Kampf gegen die Menschen zuletzt). Wegen Geschmacklosigkeit von allen anderen abgelehnt.

M. Cosio (1988), »Soda Pop Vending Machine Injuries«. In: *Journal of the American Medical Association*, Nr. 260, S. 2697ff.

Daniel Spitz | W. Spitz (1990), »Killer Pop Machines«. In: *Journal of Forensic Sciences*, Nr. 35, S. 490ff.

LEHRENDE LAUFEN GEFAHR, SICH IN STUDENTINNEN ZU VERLIEBEN

Im Jahr 2000 wurde endlich bewiesen, was mancher Vaterschaftstest in meinem Labor schon andeutete: Wenn Männer von jüngeren Frauen umgeben sind, finden sie die eigene Lebensabschnittsgefährtin weniger attraktiv. Das zeigten bereits Versuche aus dem Jahr 1989, in denen Männer nach experimentellem Konsum von *Playboy*-Heften schlechtere Noten für ihre Beziehung abgaben als »playboylose« Vergleichspersonen. Die Frage war nun, ob die Beobachtungen aus dem Psycholabor auch auf die Wirklichkeit übertragbar wären.

Satoshi Kanazawa und Mary Still fiel beim Nachdenken darüber Folgendes auf:

1. Die Gesamtheit der US-College-Professoren beziehungsweise Gymnasiallehrer lassen sich im Vergleich zum untersuchten Bevölkerungsdurchschnitt seltener scheiden.
2. Betrachtet man allerdings nur Männer (also keine Frauen), dann ergibt sich eine signifikant erhöhte Menge von zurzeit Geschiedenen ($p^* < 0{,}5$).

Wie das? Politisch inkorrekt, aber biologistisch bündig schlagen die Autorinnen folgende Erklärung vor: »Lehrer treffen dauernd auf Frauen, die sich auf dem Höhepunkt ihrer Fortpflanzungsfähigkeit befinden ... Im Vergleich zu den meisten erwachsenen Frauen haben Schülerinnen auch den von Männern bevorzugten geringeren Hüfte-zu-Taille-Quotienten.«

Seltsam bleibt, dass die dauernd derart verführte Zielgruppe nicht häufiger geschieden ist als die restliche Bevölkerung. Einzige Erklärung: Lehrende heiraten nur widerwillig, sowohl in jüngeren Tagen als auch nach der ersten Scheidung. Wegen ihres heiratsmuffeligen Verhaltens bleibt trotz der dauernden Hüfte-zu-Taille-Belastung die Gesamtzahl der Scheidungen im Normalbereich.

Mir fällt allerdings noch eine andere Erklärung ein: Was, wenn die Lehrer allesamt bärtige Käuze sind, die schlicht einen Korb nach dem anderen kassieren und deshalb geschieden oder unverheiratet ihr Dasein fristen? War nur so ein Gedanke.

IG-GESAMTNOTE: Eloquente, grausame und wahre Erkenntnisse: für US-Amerikaner schwer erträglich und daher in der Kommissions-Schlussrunde abgeschmettert.

Satoshi Kanazawa | Mary Still (2000), »Teaching may be hazardous to your marriage«. In: *Evolution and Human Behavior*, Nr. 21, S. 185–190.

AUSZIEHUNGSKRAFT JUNGER FRAUEN

Die Lehrerstudie (»Lehrende laufen Gefahr, sich in Studentinnen zu verlieben«) zeigt je nach Lesart, dass Männer dem Reiz junger Frauen nicht entgehen können – oder wollen. Es war für uns sehr spannend zu verfolgen, wie die Untersuchung aufgenommen werden würde. Denn dem einen mag es ganz selbstverständlich erscheinen, dass junge Frauen eine starke Anziehungskraft haben, dem anderen aber überhaupt nicht. Auch kulturell lässt sich in die Ergebnisse alles Mögliche hineindeuten, vom europäischen »typisch Mann« (oder »typisch Frau«) bis zu nutzenorientierten Verhaltensmaßnahmen. So schlug beispielsweise die *Washington Post* augenzwinkernd vor, künftig auf alle Heiratsurkunden, ähnlich wie auf Zigarettenschachteln, die Überschrift der wissenschaftlichen Originalveröffentlichung zu drucken: »Lehren kann ihre Beziehung gefährden«.

Das Gemeine an der Untersuchung ist, dass es sich nicht um ein reines Laborexperiment handelt. Dann könnte man immer behaupten, dass sich die unter künstlichen Bedingungen gewonnenen Ergebnisse eben nicht auf die Wirklichkeit übertragen lassen. Das gilt zum Beispiel für den Gedächtnisverlust durch Nackte (siehe: *Nackte verhindern Nachdenken*). Mary Still und Satoshi Kanazawa werteten aber tatsächliche Scheidungsquoten aus.

»Mit den alten Studien im Kopf«, berichtet Kanazawa, »dachte ich mir: Was passiert eigentlich, wenn Menschen sich nicht nur kurz im Labor aufhalten, sondern den ganzen Tag jungen Frauen ausgesetzt sind? Ich grübelte herum, wen wir sinnvollerweise untersuchen könnten, bis ich endlich auf Lehrer kam.« Um aber nicht hunderte von Lehrern nach ihren persönlichen Verhältnissen befragen zu müssen, griff er auf den seit 1972 regelmäßig durchgeführten »General Society Survey« (GSS) der Universität Chicago zurück. Unter den 32 845 Datenbögen fanden sich 646, die von männlichen und weiblichen Lehrern stammten. In einem ersten Schritt verglichen die beiden Forscher nun die Scheidungsrate der männlichen und weiblichen Lehrer mit der von US-Amerikanern, die keine Lehrer waren. Dabei zeigte sich, dass die männlichen Lehrer seltener heiraten und häufiger geschieden sind.

Jeder Sozialwissenschaftler weiß, dass nun größte Vorsicht geboten ist. Denn es könnte sein, dass diese scheinbare Übereinstimmung auf einer falschen Grundannahme beruht. Finden Sie es nicht auch verdächtig, dass die Zahlen genau das zeigen, was die Forschenden eh vermuteten?

Diese Fallgrube ist als Storchproblem* bekannt: Zwar ist es absolut richtig, dass in Dörfern mit vielen Störchen mehr Kinder geboren werden. Es stimmt deswegen aber noch lange nicht, dass der Storch die Kinder bringt. Hier stehen zwei richtige Beobachtungen nur scheinbar in Beziehung zueinander. Weil wir wissen, dass der Storch keine Kinder bringt, wissen wir, dass es falsch ist, die Anzahl Störche mit der Anzahl Kinder in Verbindung zu bringen. Andererseits – vielleicht hängen die beiden Beobachtungen doch zusammen? Das tun sie auch, es fehlt nur das entscheidende Bindeglied: Je mehr Störche es gibt, desto mehr Kamine gibt es im Dorf, desto mehr Familien leben dort und desto mehr Kinder werden geboren. Ursache und Wirkung liegen aber nicht immer so offen wie beim Storchproblem.

Deshalb prüften die Sozialwissenschaftler im zweiten Schritt, ob es nicht eine andere Ursache geben könnte, die ihre Beobachtung erklärt. Sie bezogen daher das Alter der Untersuchten, deren Einkommen, Hautfarbe und so weiter ein. Doch nichts zeigte einen Zusammenhang zum Unverheiratetsein der Lehrer. »Für uns bedeutet das, dass Lehrer dauernd ihre Ehefrauen oder Freundinnen mit den Schülerinnen vergleichen«, folgert Kanazawa, »bloß sind sie sich dessen nicht bewusst.«

Zeigt die Untersuchung also wirklich, dass Menschen primitive Geschöpfe sind, die im Zweifel dem Ruf der Wildnis folgen?

Jawohl, das zeigt sie. Betrachtet man die Welt biologistisch, das heißt so, als könne die Biologie alle Erscheinungen des Lebens erklären, dann ist das nicht erstaunlich. Junge Frauen befinden sich in ihrem »reproduktiven Maximum«, das heißt, sie sind meist ungebunden (es ist also bei der Brautwerbung weniger Theater zu erwarten als bei einer gebundenen Frau), und sie hatten noch keine Kinder. Das ist aus biologistischer Sicht wichtig, denn ein Vater möchte seine Energie (etwa die Nahrungssuche) nur für seine genetischen Kinder verwenden. Da es aber zur Zeit der Entstehung des Lebens noch keine Vaterschaftstests gab, war die größte Sicherheit für einen zukünftigen Vater die, eine möglichst jungfräuliche Partnerin zu suchen und diese dann abzuschirmen.

Ein äußerliches Merkmal junger Frauen ist, dass die Hüfte noch nicht stark ausgeprägt ist. Ein möglichst kleines Verhältnis von Hüfte zu Taille, also eine relativ gerade Körperlinie, zeigt schon von Weitem an, dass es sich hier wohl um eine junge Frau handelt. Dass dieses Signal auch heute noch wunderbar funktioniert, erkennen sie an den Heerscharen magerer Models. Obwohl kaum ein Mann sie wirklich attraktiv findet, schaut ihnen trotzdem jeder nach – das ist eine fast unbewusst ablaufende, urtümliche Reaktion.

Dasselbe gilt für symmetrische Gesichter. Die meisten Menschen, egal in welcher Gegend der Welt, bevorzugen gleichmäßig aufgebaute Gesichtszüge (siehe: *Hühner bevorzugen schöne Menschen*). Diese zeigen erstens an, dass die Entwicklung der Person in krankheitsfreien Verhältnissen und bei vernünftiger Ernährung stattgefunden hat. Zweitens waren die Eltern genetisch so verschieden, dass keine aus der Inzucht geborenen Nachteile aufgetreten sind. Alle schädlichen Einflüsse können sich darin widerspiegeln, dass der Körper unregelmäßig aufgebaut ist – am schnellsten zu erkennen im meist unbedeckten Gesicht. Symmetrie ist das Hauptmerkmal für »Schönheit«. Auch hier zeigt sich, dass der scheinbar freie Wille Einschränkungen unterliegt.

KEKSE FÜR KENNER

Die technische Lieblingslabormitarbeiterin des Autors, Gabi Förster, informierte mich nach Lektüre des Artikels *Krach im Esszimmer lässt sich durch Nachtisch eindämmen* darüber, dass sie grundsätzlich keinen Kaffee für Wissenschaftler koche. Um ihr einen Ansporn zu geben, hier ein Experiment, das Len Fisher berühmt machte und stets frische Heißgetränke erfordert.

1998 wollte der Physiker der Öffentlichkeit erklären, wozu Formeln da sind. Er arbeitet in England, und so lag es nahe, die dort überall verbreiteten Cookies als Lehrmittel heranzuziehen; Terminus technicus: *science of the familiar* oder »Chemie, Physik und Biologie des Alltags«. Bekannt war bereits, dass das Eintauchen (Stroppen, Dippen) von Backwaren in Tee oder Kaffee den Geschmack der Süßware subjektiv um das bis zu Zehnfache steigert. Doch wie lange soll und darf der Keks im Kaffee bleiben? Die Antwort darauf ist einfach und ergibt sich aus der Washburn-Gleichung für Kapillarflüsse:

$$t = 4L \times h/Dg$$

Es bedarf nur eines Vergrößerungsgerätes, und der Spaß kann losgehen. L ist die Wegstrecke der Flüssigkeit in den hydrophilen Keks. Sie wird mal vier genommen und mit der Viskosität h des Getränks multipliziert. Teilt man das Ganze durch das Produkt aus Keksporengröße D und Oberflächenspannung g der Flüssigkeit in der Tasse, so kommt die maximal mögliche Eintunkzeit heraus. Wird diese überschritten, zerbricht das Cookie in einen schlaff zu Boden sinkenden sowie einen traurig in der Hand verbleibenden Keksteil.

Die Werte D und L lassen sich hervorragend unter einer guten Lupe bestimmen. Sie können also ohne weiteres auch daheim Tunkversuche durchführen.

Verblüffend ist übrigens, dass die schon 1921 entwickelte Formel eigentlich nur für zylindrische Kanälchen gilt. »Ich habe es einfach drauf ankommen lassen«, erzählt Experimentator Fisher, »und die Ergebnisse zeigen, dass die Gleichung auch bei Keksen stimmt.«

Fishers praktische Tipps für Stropp-Profis lauten: (a) Heiße (statt lauwarme) Getränke verwenden und (b) höchstmögliche Tunkzeit errechnen und ausnutzen. Wer zudem einseitig mit Schoki beschichtetes Naschwerk verwendet, erhält dadurch eine zusätzliche Stabilisierung der ab sofort hoffentlich prall und lecker gefüllten Keksporen.

IG-GESAMTNOTE: Fisher hat es nicht nur in die Herzen der Engländerinnen, sondern auch in eine der bekanntesten naturwissenschaftlichen Fachzeitschriften geschafft. Verdienter Ig-Nobelpreis für Physik im Jahr 1999.

Len Fisher (1999), »Physics takes the biscuit«. In: *Nature*, Nr. 397, S. 469.

NEUROBIOLOGIE UND PSYCHOPHYSIK
VON SPRUDELWASSER

Jawohl, so heißt ein Aufsatz meiner Kollegen aus Kalifornien wirklich.

Ihnen war aufgefallen, dass alle Welt gern Bläschen im Wasserglas hat – bloß warum genau, das wusste niemand. »Mir gefällt dieses stechende Prickeln und dass es ein bisschen säuerlich schmeckt«, wäre eine mögliche Antwort. Darauf einigten sich auch die fünf Forscher, wenngleich sie ihre Ausgangsannahme etwas komplizierter beschrieben: »Das CO_2 wird durch Karbo-Anhydrase in Kohlensäure umgewandelt. Diese Säure regt Schmerzempfänger im Mundraum (linguale Nociceptoren) an. Sie senden über Nervenbahnen Signale an die trigeminalen Kerne im Gehirn.«

Egal, ob man es verwissenschaftlicht ausdrückt oder einfach beim Trinken in sich hineinhorcht, die grundsätzliche Frage lautet: Schmeckt uns Sprudelwasser wegen seines leicht sauren Geschmacks, das heißt wegen der chemisch gelösten Kohlensäure, oder mögen wir es, weil Bläschen gegen unsere Zunge blubbern?

Schon seit Ende der 1960er-Jahre herrschte hierzu die Meinung, dass es nicht an den Bläschen, sondern an der Säure liegen müsse. Japanische Forscher hatten damals mit Kohlensäure gesättigte Flüssigkeiten auf freioperierte Nerven gegeben. Erlaubte man die körpereigene Umwandlung der Kohlendioxid-Blasen in echte Kohlensäure, dann reagierten die Nerven. Verhinderte man die Bildung der Säure, so tat sich trotz Bläschen nichts.

Das amerikanische Forscherteam entschied 1999, anstelle von einsamen Nerven lieber Lebewesen am Stück zu untersuchen. Glücklicherweise fiel ihre Wahl nicht auf Menschen. Die stattdessen ausgewählten Laborratten wurden nämlich betäubt, in ein Metallrähmchen gespannt und dann auf einer 37 Grad Celsius warmen Platte abgelegt. Danach schnitten die Forscher den oberen Teil der Wirbelsäule und des Schädels auf, sodass die darin verlaufenden Nerven zugänglich wurden. Mit einem hydraulischen Minimotor wurde dann eine winzige Nadel in das Stammhirn der Tiere versenkt. Daran wurde ein Messgerät geklemmt, das aufzeichnete, welche Signale der kleine Körper an sein Gehirn sendet.

Nachdem sichergestellt war, dass Streicheln und sanftes Zwicken der Rattenhaut das Messgerät zum Ausschlagen brachte, wurde den Tieren ein Klämmerchen in den Mund gesetzt, eine Maulsperre. Es ging ja darum, wie Sprudel schmeckt, und dazu musste das Wasser irgendwie in den Mund der nun trinkunfähigen Nager gelangen.

Mittels einer Pipette zwangsverkosteten die bewusstlosen Tiere drei Getränke: Sprudelwasser aus einer frisch geöffneten Flasche, 54 Grad warmes Wasser und Salzsäure. Wenn eine Ratte durch sprudelndes Wasser angeregt wurde, erhielt sie eine Spezialbehandlung. Ihr wurde dann ein Mittel verabreicht, das die im Körper normalerweise ausgelöste Umwandlung von Sprudelbläschen in Kohlensäure verhindert.

Und wirklich: Obwohl das verabreichte Sprudelwasser immer noch blubberte, bewirkte es nun keine Erregung der Mundnerven mehr. Die Blasen werden also anscheinend im Mund gar nicht wahrgenommen. Deswegen können sie auch nicht die Freude am Sprudelwasser bedingen. Hm.

Irgendwie kam das den Forschern doch zu aalglatt vor. Sie rekrutierten daher $n^* = 21$ Studierende der Universität Davies. Die mussten eine Stunde lang nüchtern bleiben und erhielten dann eigens im Labor hergestelltes Sprudelwasser, das zwei Tage lang bei 3,5 bar unter Kohlendioxid gestanden hatte. Allerdings wurde zuvor die Umwandlung von Kohlendioxid auf einer Seite der Zunge wie schon bei den Ratten blockiert. Die Studierenden wussten nicht, welche Seite ihrer Zunge das war, weil sowohl links als auch rechts je eine gleich schmeckende, aber chemisch unterschiedliche Lösung aufgetragen wurde. Nur eine Lösung enthielt den Kohlendioxidblocker.

Nun brauchten die VP* nur noch angeben, ob sie beim Sprudeltrinken ein Prickeln bemerkten oder nicht. Wie es schon die Rattennerven vermuten ließen, spürten auch die Studierenden immer nur auf dem Teil der Zunge das angenehme Sprudeln, der die Bläschen in Kohlensäure umwandeln konnte.

Damit war bewiesen, dass das uns bekannte Prickeln eine chemische Täuschung ist. Denn unsere Schleimhäute nehmen nicht die eigentlichen Bläschen wahr. Stattdessen melden sich bloß die vielen kleinen Stellen der Schleimhaut, an denen das im Sprudel enthaltene gelöste Kohlendioxid zu Kohlensäure umgebaut wird.

Sprudelwassertrinker meinen daher zu Unrecht, dass

die wackelnden Sprudelbläschen an sich die schwallartige Frische und das Prickeln beim Trinken erklären. Der Eindruck tritt übrigens auch dann im Mund auf, wenn man die Trinkenden samt Sprudelwasser in eine Überdruckkammer stellt. Obwohl sich im Überdruck gar keine Bläschen bilden, berichten die Versuchstrinker dennoch, dass es herrlich prickelt.

IG-GESAMTNOTE: Ein Mammut-Paper, dessen Inhalt für drei Veröffentlichungen gereicht hätte. Den dritten Teil habe ich Ihnen allerdings erspart. Es geht darin um die Untersuchung der in dünne Scheiben geschnittenen Rattengehirne nach Sprudeleinwirkung. Für die unendliche Mühe ist irgendein Preis fällig, aber den knuffigen Nagern zuliebe überlassen wir das ausnahmsweise anderen.

Christopher Simons et al. (1999), »Neurobiological and Psychophysical Mechanisms Underlying the Oral Sensations Produced by Carbonated Water«. In: *The Journal of Neuroscience*, Nr. 19, S. 8134–8144.

MOZARTS FLÜCHE

Ein beliebtes Thema auf medizinischen Kongressen ist wahlweise die augenzwinkernde Selbstbespiegelung oder die Suche nach Krankheitssymptomen berühmter Menschen. Das ist kein Wunder. Denn wer Experte für eine bestimmte Krankheit ist, hat ein geschärftes Auge dafür, welche lebenden oder toten Mitmenschen an dieser Krankheit leiden oder litten. Manchmal weiß oder wusste der potenzielle Patient noch nicht einmal selbst etwas von seinen Auffälligkeiten.

So bei Wolfgang Amadeus Mozart (1756–1791). Der Mediziner Benjamin Simkin aus Los Angeles ging der 1983 erstmals vorgebrachten Idee nach, dass Mozarts manchmal ausfallende Formulierungskunst nicht bloß eine Laune, sondern eine Ausprägung des Tourette-Syndroms war. Menschen mit Tourette leben nicht nur mit körperlichen Ticks, sondern oft auch mit dem nur kurzzeitig unterdrückbaren Zwang, gesellschaftlich Verpöntes laut zu sagen.

Tatsächlich fand sich in 39 von 371 untersuchten Briefen des Musikers scheinbar schweinisches Wortgut, während die Antworten der Eltern und der Schwester ohne dergleichen auskamen. Es war also wenig wahrscheinlich, dass das Fluchen eine Familienangewohnheit war, was öfters behauptet wurde. (Es wird aber für immer unbekannt bleiben, ob das nur für Briefe oder auch für Familientreffen galt.) Immerhin fanden sich in insgesamt 745 Familienbriefen von Wolfgang Amadeus, Anna Maria (Mozarts Mutter), Nannerl (der Schwester) und Leopold (dem Vater) nur beim Sohnemann in jedem zehnten Umschlag derbe Saftigkeiten, während der Rest der Familie nur jeweils ein Mal auffiel.

Simkin fühlte sich dadurch ermutigt, ins Detail zu gehen, und schrieb sich nun penibel alle Sauereien heraus. Platz eins der Mozart'schen Sudelrangliste belegen die Begriffe »Scheiße« (29-mal), »Arsch« (24-mal), »Mist« (17-mal) und »Furz« (6-mal). Das veranlasste die ärztlichen Autoren, bei Mozart eine Koprolalie – das zwanghafte Aussprechen auf Kot bezogener Worte – zu diagnostizieren.

Zählt man auch noch Wortspiele hinzu, die offenbar nur soeben gehörten Lauten nachgeformt sind (Echolalie) sowie Lautwiederholungen von gerade Geschriebenem (Palilalie), dann finden sich in 6,2 Prozent aller Briefe Mozarts Auffälligkeiten, die auch als Zeichen von Tourette auftreten können.

Da diese Symptome unter Stress verstärkt auftreten, erscheinen auch die Schimpfhäufungen im Jahr 1770 (Mozart war 14 und auf erfolgreicher, aber anstrengender Italientour), von 1777 bis 1781 (Entlassung aus der Salzburger Hofkapelle, trotz intensiven Bemühungen keine Aufträge, Streit und dann Bruch mit dem Erzbischof von Salzburg in Wien) und 1791 (Auftrag zur Totenmesse) erklärbar. Damit übereinstimmend ist schon in frühen Mozart-Biografien die Rede von einem unruhigen Mozart, der stets in Bewegung war, Grimassen schnitt, unentwegt mit den Füßen und auch sonst herumhibbelte und plötzlich über die Tische sprang und dabei katzengleich miaute.

Das Miauen soll eine Zeit lang derart überhand genommen haben, dass es sogar in der Geschwindigkeitsangabe »Rondo Miau« für das Finale des *Flötenquartetts* K298 (1786) auftauchte. 1790 komponierte Mozart das Stückchen K625 »Nun, liebes Weibchen, zeihst mit mir«, in dem die Sopranstimme dem Bass antwortet: »Miau, miau, miau, miau«.

In den Briefen an sein Bäsle (1777–1780) und bei der Benennung des musikalischen Zirkels des Barons von Jacquin erfand er darüber hinaus einen nicht enden wollenden Strom von Quatschwörtern, darunter Natschibinitschschibi, Runzi-Funzi, Plumpa-Strumpi, Blatterizzi, Diniminimi, Gaulimauli, Punkititi und Schlamba Pumfa.

Sein ebenfalls dokumentiertes festes Aufstampfen und der Ruf »Saperlott!« bei einer vermasselten Orchesterleistung würde ich allerdings nur ungern als krankhaft bezeichnen. Wer schon einmal billige Klassikeinspielungen gehört hat, weiß, was ich meine. Miau!

IG-GESAMTNOTE: Gut, dass niemand meine E-Mails aufbewahrt. Ansonsten: Für Mozart-Fans keine brandneuen Fakten, aber erstmals eine penible Herleitung. Daher Sonderpunkte für die Vorstellung, dass der endokrinologische Kollege aus Kalifornien sich durch verstaubte Briefpacken aus Europa wurschtelt und dabei die skatologischen Stellen statistisch erfasst.

Benjamin Simkin (1992), »Mozart's scatological disorder«. In: *British Medical Journal*, Nr. 305, S. 1515 f.

JOBZUFRIEDENHEIT IST GENETISCH

Sie alle kennen das: Währen der eine Kollege seinen Job super findet, verschlurt der andere durch pausenloses Rauchen und Teetrinken den ganzen Tag und drückt sich auch sonst, wo es nur geht. Wie kommt das? Die Antwort lautet: Es liegt in den Genen.

Das meinen zumindest drei Wirtschaftspsychologen aus den USA. Im Jahr 1999 versuchten sie den (schon zuvor bekannten) Zusammenhang zwischen Selbstwahrnehmung und Berufswahl zu untermauern. Dazu suchten die Forscher n = 107* Menschen heraus, die schon als Kinder und auch danach immer wieder einen experimentellen Persönlichkeitstest an sich durchführen ließen (ein Langzeitprojekt der Uni Berkeley). Die geliehenen Versuchspersonen mussten nun berichten, ob ihnen ihr jetziger Job gefiel oder nicht.

Denn bereits in den 1980er-Jahren war klar geworden, dass Menschen, die sich viel zutrauen, letztlich auch die besseren Jobs bekommen. Mit Geld oder Ruhm hat ein solcher Topberuf aber nichts zu tun, sondern mit den folgenden fünf Eigenschaften: Er muss (a) inhaltlich vielfältig sein, die arbeitende Person muss sich mit der (b) möglichst selbst bestimmten Aufgabe (c) identifizieren, über die eigene Tätigkeit (d) Rückmeldung von anderen erhalten und somit (e) etwas in irgendeiner Form Wichtiges oder Relevantes tun.

Fraglich blieb seinerzeit, warum selbst in objektiv perfekten Jobs noch Nörgler herumspuken. Die Persönlichkeitstests – unterteilt in Neurotizismus[*], Selbstbewusstsein und Kontrollvermögen – verrieten es. Wer sich viel zutraut, dabei aber kontrolliert ist, gibt bei schwierigen Aufgaben nicht auf. Dadurch rutscht er nach und nach in immer komplexere Projekte hinein. Diese entsprechen stets seinen Neigungen und Fähigkeiten, denn andere traut sich der geistig gesunde Mensch eben nicht zu. Am Ende arbeitet die charakterfeste Person also nur noch in Berufen, die den goldenen fünf Top-Job-Eigenschaften (siehe oben) und zugleich dem eigenen Geschmack entsprechen. Bingo! Andere Menschen haben zwar einen tollen Job, er entspricht aber nicht ihren Neigungen.

Ausgelöst und vermittelt wird das alles durch bereits in der Kindheit angelegte Charakterzüge. Und die sind bekanntlich »halb genetisch, halb umweltbedingt« (Biologen-Spruchweisheit).

Kölsche Zusammenfassung: Auch wenn's im Job mal nicht fluppt, et kütt wie et kütt (es kommt, wie es kommt). Entscheidend ist nur der Spaß an der Freud.

IG-GESAMTNOTE: Könnte alles wahr sein. Daher ist das Paper leider kein Kandidat für den Ig-Nobelpreis, denn dafür muss eine Arbeit zumindest ansatzweise ignobel (unwürdig) sein. Aber offenbar haben die Autoren ohne-

hin ihren Traumberuf gefunden, und das ist ihnen ja
Lohn genug.

Timothy Judge et al. (2000), »Personality and Job Satisfaction: The Mediating Role of Job Characteristics«. In: *Journal of Applied Psychology*, Nr. 85, S. 237–249.

GERUCHSKARTEN

Die rein beschreibenden Wissenschaften sind bei Naturwissenschaftlern nicht sehr angesehen. Hin und wieder gibt es aber schöne Ideen, die aus dem Schnittbereich zwischen Natur- und Geisteswissenschaften stammen. So stellte Kollega Margolies im Jahr 2001 ein eigentlich altes Konzept vor, das aber auch heute noch Sinn und Spaß macht: Geruchskarten. Dabei geht es nicht um Rubbelkarten für olfaktorisch aufgewertete Kinostunden, sondern um die Beschreibung von Städten anhand der in ihnen wabernden und wandernden Gerüche. Die Idee stammt aus der Sozialmedizin und wurde schon 1794 von Hygieneprofessor Jean-Noël Hallé in Paris während eines Geruchsspaziergangs an der Seine angewendet. Wo es wie riecht, sagt eben viel über den Zustand der jeweiligen Gegend aus.

In Formeln fassen lässt sich das Ganze zurzeit aber noch nicht, weder in chemische noch in mathematische. Ein nasser Pudel riecht eben wie ein nasser Pudel und eine alte Holztreppe wie ... und so weiter. So kommt es, dass Geruchskarten in die Domäne der angewandten Geisteswissenschaften gerutscht sind, obwohl sie den Zustand einer Stadt samt ihrer Bevölkerung sehr akkurat darstellen – allerdings nur, wenn der Beschreibende Gerüche gut, äh, beschreiben kann.

Die neueste und Ig-nominierte Geruchskarte stammt aus dem Winter 1999/2000 und wurde als Paper in Performance Research veröffentlicht. Ein Rundgang durch Manhattan ergab dabei:

- den unwiderstehlichen Duft gezuckerter heißer Nüsse (Lower Broadway),
- die schwere Süße von Räucherstäbchen (East Village),
- fiese Salzbretzels in Alu mit Senf oder Ketchup (Museum Mile),
- das warme Wehen von Waschmittelschwaden (Rivington Street),
- den Gestank von PVC und anderen Plasten (Canal Street),
- geräucherte Fische (Lexington Avenue),
- die herrlich harzige Frische von Weihnachtsnadelhölzern (Mercer Street bis Park Avenue),
- den Geruch alter Bücher (Mercer Street und Astor Place, auch am Riesenbuchladen Strand),
- das Muffeln der U-Bahn-Tunnelsysteme (das in allen Städten der Welt verschieden ist)
- und auf der 5th Avenue natürlich auch die Schwaden von Opium, Obsession und Dune, die von Gelangweilten und Bepelzten ausgehen.

Je länger ich darüber nachdenke, desto besser finde ich die räumlich und zeitlich gültigen Karten, die uns die Welt auch dann noch vor die Nase führen, wenn sich alles schon wieder geändert hat.

Nachtrag: Die Idee der Geruchskarten hat die Runde gemacht. Bis zum 12. Februar 2006 findet im Alpinen Museum

in München die Ausstellung »Mit der Nase in die Berge –
Alpine Duftgeschichte(n)« statt.

»Napoleon Bonaparte hat einst auf einer Seefahrt ver-
merkt, dass er Korsika riechen könne, lang, bevor er die Insel
am Horizont sähe«, schreiben die Ausstellungsmacher. »Offenbar hat jede Landschaft ihren Eigengeruch. Hat der Al-
penraum spezielle Dufteigenschaften? Haben sich diese im
Laufe der Zeit verändert? Die Ausstellung eröffnet die Möglichkeit, Geschichte und Gegenwart der bayerischen Alpen-
welt mit mehr als 50 verschiedenen Düften von einer neuen
Seite kennenzulernen.«

Gras und Heu aus verschiedenen Gegenden, der säuer-
liche Geruch hölzerner Molkereigeräte, Flechten, Moose,
Tannenzapfen, Geißböcke, Latschenkiefernöl und weitere
Düfte bezaubern die hoffentlich zahlreichen Besucher.

IG-GESAMTNOTE: Bezieht sich nicht auf Wiederhol-
bares, sondern auf die Dokumentation vergänglicher
Eindrücke. Da diese in einigen Jahren nicht mehr re-
produzierbar sind, weil die Städte (oder die Alpenland-
schaften) sich geändert haben, gelten die Ergebnisse
im Grunde als »nicht naturwissenschaftlich«, also nicht
wiederholbar. Das wollen und sollen sie aber auch gar
nicht sein – daher von mir zum Ig-Nobelpreis vorge-
schlagen. Im Ig-Nobelpreiskomitee hat sich die Idee
aber, wie erwartet, sofort verflüchtigt.

Eleanor Margolies (2001), »Vagueness Gridlocked. A Map of the Smells of
New York (December 1999 to January 2000)«. In: Performance Research,
Nr. 6, S. 88–97.

VIEL THC IST BESSER ALS WENIG THC

... das zeigt ein Experiment der Psychiater Chait und Burke aus Chicago. Die beiden fragten sich, ob Drogenkonsumenten in der Regel die stärkere Dosierung bevorzugen, wenn sie die Wahl haben, also: Wein statt Cidre, Korn statt Bier und so weiter.

Zwölf mutige Dauerkiffer mussten an einem Montag (ausnahmsweise waren auch Dienstage erlaubt) zwischen 19 und 22 Uhr je zwei Pröbchen Marihuana rauchen, die verschiedenfarbig markiert waren. Die eine Probe enthielt 0,63 Prozent THC[*], die andere 1,95 Prozent. Das Ganze wurde als Doppelblindstudie angelegt, sodass weder die Versuchsleiter noch die VP wussten, welche Farbe für das höher (H) und welche für das niedriger (L) dosierte Produkt verwendet wurde.

Vor dem Kiffen mussten sich die VP 30 Minuten lang zwangsentspannen. Währenddessen sowie beim und nach dem Experiment wurde Puls und CO-Ausstoß (Maß für die inhalierte Rauchmenge) gemessen. Allerdings durften die Freiwilligen nicht kiffen, wie sie wollten, sondern mussten $n = 4$[*] je fünf Sekunden dauernde Züge im Abstand von genau 60 Sekunden nehmen. Bevor der kratzige Rauch wieder ins Freie durfte, mussten sie zehn Sekunden lang die Luft anhalten.

An den folgenden Mittwochen (oder Donnerstagen) wurde es spannend. Allen Probanden wurden jeweils zehn Joints derjenigen Farbe angeboten, die ihnen zuvor als am leckersten erschienen war. Nach Lust und Laune durften sie alle zehn Joints aufrauchen. Dazu gab es ein Glas Wasser und die schon bekannte Messelektronik.

Die Auswertung ergab, dass alle Kiffer das höher dosierte Marihuana bevorzugt hatten. Wer schwächere Joints selbst in Zwischendurchgängen nicht leiden konnte, erreichte sogar eine traumhaft ($p = 0{,}004$) abgesicherte Verhaltenskonsistenz. Von den zehn Joints wurden im Schnitt allerdings nur 3,5 verzehrt. Trotzdem keine schlechte Leistung, denn die Rauchenden hatten dafür nur 60 Minuten Zeit. Auch interessant: Beim Vorkosten stießen die Probanden nur durchschnittlich 4,3 ppm[*] Kohlenmonoxid aus, beim fulminant fumatorischen Finale jedoch 11,5 ppm. Kicher, kicher, kicher!

In den kommenden Jahren wollen Chait und Burke testen, wie sich Marihuanaraucher verhalten, denen Joints mit wesentlich feiner abgestuften Mengen THC zur Auswahl gereicht werden. Wer Interesse an der Teilnahme hat, melde sich bitte in der psychiatrischen Klinik der Uni Chicago; Anfragen an das *Laborjournal*, den Verlag oder den Autor sind aussichtslos.

IG-GESAMTNOTE: Erst mal abwarten, was die weiteren Versuche bringen. Hihihihihi!

L. Chait | K. Burke (1992), »Preference for high versus low-potency marijuana«. In: *Pharmacology, Biochemistry and Behavior*, Bd. 49, S. 643–647.

GIB IHM SCHARFES

Fordert man Menschen durch unverschämte Ansprachen oder Handlungen heraus, so werden sie sauer. Das wurde seit den 1930er-Jahren auch in Versuchen gezeigt. Schlecht war bloß, dass entweder der Geärgerte oder der Ärgernde Gefahr lief, außerexperimentelle Schäden davonzutragen. Hin und wieder kam es vor, dass die Gefühle überbordeten und die Versuchsleiter nicht mehr rechtzeitig eingreifen konnten. Kam es dabei nicht zu Körperverletzungen, so waren zumindest Langzeitwirkungen auf die geistige Verfassung der VP nicht auszuschließen.

Das meinten zumindest Joel Lieberman und seine Kollegen und überlegten, wie man Gereiztheit messen kann, ohne Menschen aufeinander oder Elektroschocks in dieselben zu jagen.

Elektroschocks waren während der 1960er-Jahre sehr beliebt und wurden in mehreren berühmten Versuchen verwendet. Dann kamen sie aber aus hauptsächlich praktischen Gründen aus der Mode. »Schocks sind bis heute die beste Methode, um Aggression zu messen«, meinen die Autoren, »weil dabei echte körperliche Einflüsse auf die Zielperson wirken. Es gibt aber einige Nachteile. Beispielsweise muss man teure und aufwändig zu bedienende Geräte an-

Wer sauer ist, den bringen scharfe Speisen aus der Ruhe. Bei dieser Speise besteht aber wenigstens keine Gefahr, dass die VP einen Schaden davontragen.

schaffen. Wir wollten in unseren Versuchen die Möglichkeit bieten, dem anderen ganz direkt und eindeutig Leid zuzufügen. Gleichzeitig sollte sich der körperliche Schaden aber in Grenzen halten. Also tüftelten wir ein Vorgehen aus, bei der die Versuchsperson die Menge scharfer Sauce ermitteln soll, die eine andere Person ertragen kann.«

Um die Gegner aufzustacheln, gaben ihnen die Sozialforscher Texte zu lesen, die der jeweils andere angeblich geschrieben hatte. Entweder entsprach dieser Text der politischen Einstellung des Saucenverteilers oder lief ihr schnurgerade zuwider.

Noch gemeiner war die Saftmethode. Hier brauten die Versuchsleiter dem Saucenchef einen heißen Saft, den angeblich der spätere Widersacher bereitet hatte. War das Getränk widerlich, reizte das die Rachegelüste des Safttrinkers. Denselben Effekt hatte auch das politische Pamphlet, wenn es nur genügend geistiges Gift enthielt.

Außerdem mussten die Probanden noch aufschreiben, was passieren würde, wenn sie sterben würden, und welche Gefühle das bei ihnen auslöst. Dieser Test wird Sterblichkeitsmanipulation genannt und bewirkt, dass sich die Teilnehmer schon vorab furchten und aufgewühlt zum Test antreten.

Dann endlich durften die nach Rache dürstenden Probanden ihren eingebildeten Gegnern so viel scharfe Sauce in ein Gefäß schütten, wie sie wollten. Die Versuchsanweisung lautete, dass das Opfer auf jeden Fall die gesamte Sauce im Gefäß aufessen musste. Wie verdammt scharf die Sauce war, wussten die Teilnehmer sehr genau, weil sie vorher ein Tröpfchen davon gekostet hatten.

»Wir brauchten eine Sauce«, berichten die Forscher, »die so scharf war, dass wir nur sehr kleine Mengen wiegen mussten. Leider gab es so eine aber nicht zu kaufen. Also mischten wir fünf Teile Chilisauce mit drei Teilen Tapiato Salsa Picante. Die Teilnehmer bestätigten nach dem Versuch, dass die entstehende Sauce wirklich sehr scharf war (7,2 von 9 Schärfepunkten; 7,8 von 9 Schmerz-auf-der-Zunge-Punkten).«

Die vom menschlichen Saucenspender seinem Feind zugeteilte Sauce wurde allerdings anstelle der gegnerischen Zunge einfach einer Waage zugeführt. Das Gewicht (also die Menge) der Sauce drückte das Maß der Wut des Verteilers auf die politischen Ansichten oder auf das fiese Saftgemisch des anderen aus.

Die Methode funktionierte. Hatte man dem Saucengeber einen politischen Aufsatz vorgelegt, der ihm schmeckte, dann füllte er nur 11,9 Gramm Scharfes ab. Passte ihm der Inhalt des Textes allerdings nicht, dann wurde mehr als das Doppelte (26,1 Gramm) verabreicht.

Ähnlich, aber weniger ausgeprägt, verhielt es sich bei den Safttrinkern. Hatten sie ein peinigendes Getränk erhalten, rächten sie sich mit 22,8 Gramm scharfer Sauce. Schmeckte es hingegen lecker, wurden nur 17,1 Gramm eingefüllt.

Da es sich um einen modernen Versuch handelte, wurde nach Ende der Tests noch ein Debriefing durchgeführt. Dabei sprechen die Teilnehmer ganz offen darüber, ob sie durch einen Versuch seelisch mitgenommen wurden oder nicht. Psychologen erklärten beispielsweise, was es mit dem ekligen Saft auf sich gehabt hatte. In Wirklichkeit war er nicht von den vermeintlichen Gegnern zusammengerührt worden, sondern von den Versuchsleitern selbst. Das Rezept: Einfach einen Löffel Essig zum Getränk geben.

Alle Teilnehmer hatten den Geschmack zwar als sehr widerlich empfunden, niemand aber war im Nachhinein über den Trick erzürnt. Den Teilnehmern wurde zudem mitgeteilt, dass sie trotz der Saucengaben weder böse noch aggressiv seien.

»Niemand nahm uns die Tests übel«, atmeten die Versuchsleiter auf, »und viele meinten sogar, es sei prima gewesen, am Experiment teilgenommen zu haben.«

Damit war eine neue Psycho-Messart geboren – die »Hot Sauce Allocation«-Methode. Ihre Vorteile, so die Versuchsleiter: »Erstens ist deren Menge leicht messbar. Zweitens hat die scharfe Sauce eine für alle Teilnehmer klar erkennbare

Wirkung. Und drittens wird sie auch in Wirklichkeit benutzt, um andere zu schädigen.

Zum Beispiel kippt Mrs Doubtfire im gleichnamigen Film mit Robin Williams riesige Mengen Cayennepfeffer in das Essen des neuen Freundes seiner Exfrau, um ihm den Abend zu vermiesen. Und in einem Restaurant in New Hampshire schüttete ein Koch 1995 tatsächlich sehr viel Tabasco in das Essen von zwei State Troopern, weil er Polizisten nicht leiden konnte.«

IG-GESAMTNOTE: Ängstlich sind sie nicht, die Kollegen der Universitäten Nevada, Arizona und Rochester. Brauchen sie auch nicht: Den Studierenden dort macht es Spaß, gefoppt zu werden, und hinterher bedanken sie sich auch noch für die schöne Erfahrung. Mir gefällt das Paper, das restliche Komitee wird hoffentlich nachziehen. Andernfalls könnte es passieren, dass deren Diät-Cola auf einmal ganz komisch schmeckt.

Joel Lieberman | Sheldon Solomon | Jeff Greenberg | Holly McGregor (1999), »A Hot New Way to Measure Aggression: Hot Sauce Allocation«. In: *Aggressive Behavior*, Nr. 25, S. 331–348.

HUMOR IST NICHT ERBLICH

Die beste Veröffentlichung zum Thema Humor stammt aus dem Jahr 2000 und dem St.-Thomas-Krankenhaus in London. Eigentlich naheliegend, denn die Briten sind nicht nur als Butler in Schwarz-Weiß-Filmen, sondern auch im wirklichen Leben für ihren eigentümlichen Witz bekannt. Vielleicht ist das aber auch nur Einbildung.

Die britischen Kollegen legten jedenfalls ein- (n = 71) oder zweieiigen (n = 56) weiblichen Zwillingspaaren (insgesamt 254 Frauen) im Alter von 20 bis 75 Jahren je fünf Bildwitze von Gary Larson vor. Um den kulturell geprägten, persönlichen Geschmack am Witz auszuschalten, nutzten die Forscher eine ausnahmsweise politisch korrekte Veröffentlichung von Hans Jürgen Eysenck aus dem Jahr 1942. Darin ist beschrieben, was uns zum Lachen bringt:

- *Affektiver Humor*, der das geistige Begreifen anderer kultureller Werte voraussetzt (Witze über andere Religionen, andere sexuelle Gewohnheiten und so weiter),
- *konativer Humor*, bei dem man sich überlegen fühlt (über Blondinen, körperlich oder geistig eingeschränkte Menschen, etwa Brillenträger; Schadenfreude über Unfälle und so weiter),

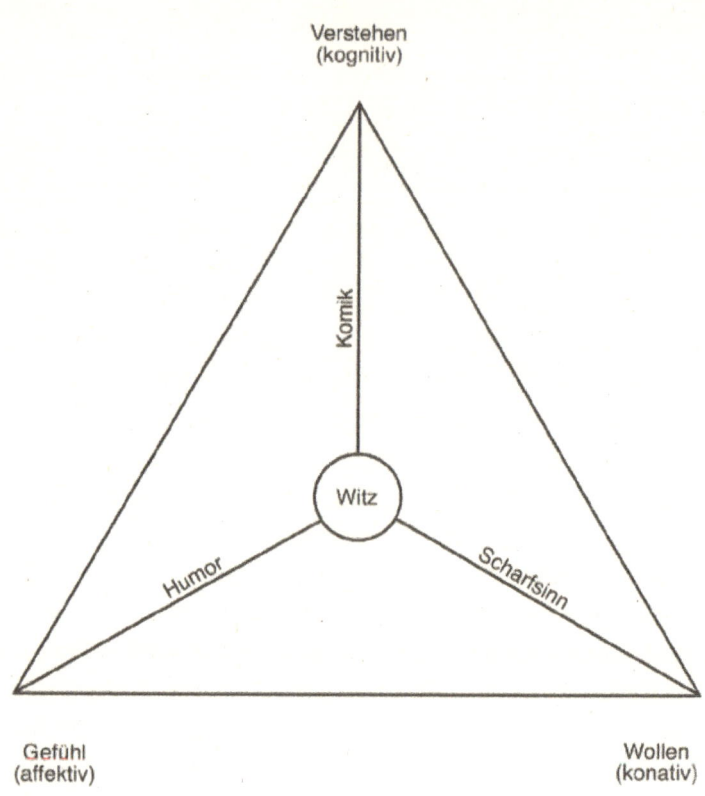

Verstehen
(kognitiv)

Komik

Witz

Humor   Scharfsinn

Gefühl   Wollen
(affektiv)   (konativ)

So kann man Witze auch erklären.   *Diagramm nach Eysenck (1942).*

■ und schließlich die einzige zu Forschungszwecken brauchbare Spaßart, die *kognitive*. Bei ihr geht es darum, eine scheinbar unerklärliche Tatsache durch ein lustig-erkennendes »Aha« aufzulösen. Beispiel: Kühe und Hühner, die im Stall mathematische Formeln austauschen. Sobald der Bauer naht, stellen sie sich wieder dumm und rufen unverdächtig »muh« oder »gack«.

Mischformen dieser drei Witz-Dimensionen gibt es zuhauf. Sie handeln beispielsweise von Menschen mit fremden Gewohnheiten (affektiv), die gleichzeitig auch persönlich dumm sind oder dumm wirken (konativ; derzeit häufig George-W.-Bush-Witze).

Die Versuchszwillinge wurden zuerst mittels DNA-Typisierung auf ihre genetische Verwandtschaft getestet und mussten sodann gleichzeitig, aber in getrennten Zimmern, die Qualität aller ihnen vorgelegten Cartoons innerhalb von fünf Minuten beurteilen. Die Skala reichte von »Papierverschwendung« (0 Punkte) bis »einer der lustigsten Bildwitze, die ich je gesehen habe« (10 Punkte).

Dabei zeigte sich, dass Zwillinge oft eine sehr ähnliche Auffassung darüber haben, welcher kognitive Witz lustig ist und welcher nicht (Korrelations-Koeffizienten[*] abhängig vom betrachteten Bildwitz zwischen 0,24 und 0,61).

Allerdings machte es meist keinen Unterschied, ob die Zwillinge ein- oder zweieiig waren. Es waren diesmal also nicht die Gene (vgl. *Jobzufriedenheit ist genetisch*), sondern die Umweltbedingungen, die den entscheidenden Einfluss auf das Verhalten – hier auf die Wahrnehmung von Witzen – ausüben. Oder, in den geradlinigen Worten der Autoren: »Humor ist nicht menschlich, sondern erlernt.«

IG-GESAMTNOTE: Erfreuliches Beispiel eines veröffentlichten Papers, das die eigene Anfangsvermutung (»Humor ist erblich«) widerlegt. Aus mir unerklärlichen Gründen nicht zum Ig-Nobelpreis zugelassen. Vielleicht handelt es sich um affektiv bedingten Humor?

Hans Jürgen Eysenck (1942), »The appreciation of humour: an experimental and theoretical study«. In: *British Journal of Psychology*, Nr. 32, S. 295–309.

L. Cherkas | F. Hochberg | A. MacGregor | H. Snieder | T. Spector (2000), »Happy families: a twin study of humour«. In: *Twin Research*, Nr. 3, S. 17–22.

DIE EHEFORMEL

Endlich mal was Nützliches: Wer wissen will, wie lang die Ehe noch hält, trägt ab sofort folgende Formel im Portmonee. Sie lautet:

Für Frauen: $w(t+1) = a + r_1 w(t) + ihw[h(t)]$,
und für Männer: $h(t+1) = b + r_2 h(t) + ihw[w(t)]$.

Naheliegenderweise sind $w = wife$, $h = husband$ und $t = time$, i ist der Grad der Steigung. Der Trick liegt in den übrigen Buchstaben: a ist die Konstante für den Gefühlszustand der Frau, solange der Gatte fort ist, b ist die entsprechende Konstante für den verstrohwitweten Mann.

Der zur Formel entwickelte Test ist einfach und wurde über zehn Jahre an gut 700 US-Paaren erprobt. Der Mathematiker James Murray und der Psychologe John Gottman maßen nach kurzer Trennung künftiger Eheleute, wie sich deren Gefühlslage zu zweit gegenüber dem vorherigen Zustand (ohne den Verlobten/die Verlobte) änderte.

Um die Testunterhaltung der bald verheirateten VP[*] in Gang zu bringen, spricht der Versuchsleiter nach der Zusammenführung ein Thema an, das gerade in der Beziehung brennt, zum Beispiel Sex, Erziehung der Kinder oder notfalls brachialen Geldklimbim. Gemessen wird nun, auf welche Weise und wie stark sich die Partner in der losgetretenen Diskussion gegenseitig beeinflussen (daher Malnehmen von i, w und h).

Lächeln und Sich-in-den-anderen-hineinfühlen gibt je einen Pluspunkt, während Augenrollen und spöttisches Reden sehr viele Minuspunkte nach sich ziehen ($h(t)$ / $w(t)$). Raffiniert ist die Messung der Variable r, die besagt, wie stark der Charme oder die Argumente des einen auf den anderen Partner wirken.

Hört sich schlimm an, ist es aber nicht: Schon nach 15 Minuten ist der Test vorbei. »Die Formel ist so einfach«, sagt Murray, »dass jedes Schulkind sie ausrechnen kann.«

Die getesteten Paare wurden im Abstand von zwei Jahren erneut 15 Minuten lang befragt – sofern sie noch verheiratet waren. Heraus kam, dass Murrays Mathematik die Ehedauer mit einer Wahrscheinlichkeit von satten 94 Prozent voraussagt. »Ich war selbst völlig überrascht«, meint der Forscher.

Die aus der Formel entstehenden Linien sind tatsächlich für jedermensch verständlich: Bleiben sie gerade, so ist die Ehe stabil, neigen sie sich nach unten, so vermeidet das Paar Zank, aber auch reinigende Donnerwetter. Zieht die Linie hoch, so wird es brenzlig, und die Ehe steht vor dem Absturz.

Der Test von Murray und Gottman ist auch deshalb elegant, weil man bis in die 1970er-Jahre hinein meinte, dass Ehen scheitern, wenn die Partner ihre Ansprüche jeweils gegeneinander aufwiegen wollen (*quid pro quo*). Wie sich nun zeigte, ist es aber gerade umgekehrt: Wer in der Ehe krämerisch aufrechnet, belastet die Beziehung.

Stabilisierend ist es, Probleme zu erkennen und positiv

zu bearbeiten, das heißt zu reparieren. Dabei darf es auch emotional und sogar laut zugehen – solange das Getöse sich nicht um den unabänderlichen Charakter des Partners dreht, sondern um eine machbare Konfliktlösung.

Die drei ehelichen Todsünden lauten daher: Motzen, murren und maulen. Das tun Sie eh nicht? Vielleicht doch: 69 Prozent aller Paare im Ehelabor werfen sich gegenseitig Probleme vor, die von vornherein nicht zu lösen sind.

IG-GESAMTNOTE: Die knorke Testserie ist das Steckenpferd des einst schottischen, jetzt US-amerikanischen Mathematikers James Murray. Zudem mag er Paris, mittelalterliche Kunst, die Mathematik des Aufbaus von Fingerabdrücken sowie englische Aquarelle aus dem 19. Jahrhundert. Ein Herz für Nerds* mit Stil: Bitte drücken Sie die Daumen für Murrays Kandidatur zum Ig-Nobelpreis.

J. M. Gottman | J. D. Murray | C. Swanson | R. Tyson | K. R. Swanson (2002), »The Mathematics of Marriage: Dynamic Nonlinear Models«. In: MIT Press, Cambridge.

NACKTE VERHINDERN NACHDENKEN

»Hilfe, mein Hemd ist zu klein«, meldete das Seite-Eins-Girl der BILD am Tag, an dem ich dieses Paper in die Hand bekam. Die Folge: »Ständig purzeln sie raus, ihre zwei frechen Obermieter.« Lösung: »Ach, Dunja, ärger dich nicht, kleine Nummern sind diese Saison echt angesagt.«

Was Dunja nicht weiß: Herausragende Reize behindern die Wahrnehmung.

Diese Erkenntnis stammt aus den 1970ern, als auch viele Deutsche nackt herumtobten. Damals streuten die Kollegen Douglas Detterman und Norman Ellis zwischen schwarz-weiße Strichzeichnungen Nacktbilder. Es zeigte sich, dass nahezu alle Betrachter sich an diese aus der Reihe fallenden Darstellungen erinnerten. Allerdings bewirkten die sexy Pics eine retro- und anterograde Amnesie bei den Versuchspersonen: Die unmittelbar vor und nach den Nackten gezeigten Strichzeichnungen wurden besonders schlecht erinnert.

Stephen Schmidt griff diese Versuche wieder auf. Er meinte, dass die Nackten in den 1970ern vielleicht nur deshalb herausgestochen seien, weil sie etwas völlig anderes als die doofen Strichzeichnungen darstellten. Nur deswegen, nicht aber wegen der eigentlichen Nacktheit, sollten die FKK-Bilder so aufmerksam betrachtet und erinnert worden sein.

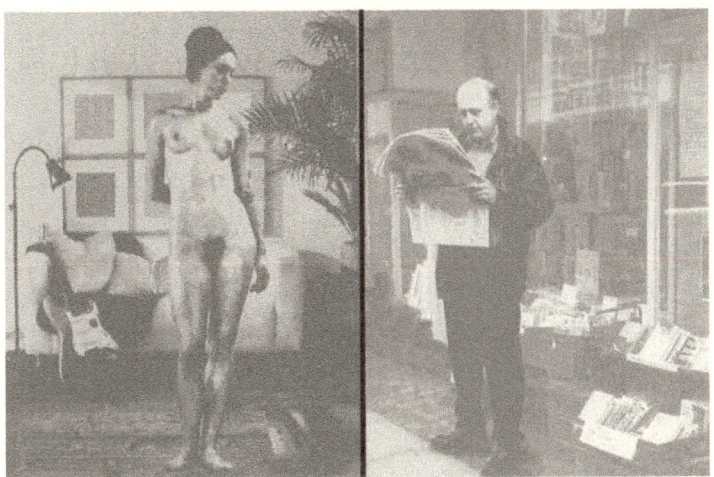

Aus dem Skizzenbuch der Gedächtnisforschung: Wer Nackte sieht, vergisst die dahinterliegenden Details. Dabei ist das Geschlecht der Abgebildeten jedoch ebenso egal wie das der Betrachter.

Im Jahr 2002 belehrten 102 Studierende Schmidt eines Besseren. Der Forscher hatte erneut Nackte ausgewählt, diese aber nun in eine Fotoserie mit bekleideten Menschen geschmuggelt. Im Bildhintergrund arrangierte er (digital) ein Wohnzimmer mit gediegenem Holzboden, einer Gitarre, Zimmerpflanze, Telefon, Kissen und einem Liederheft. Die bekleideten Kontrollmenschen waren ebenfalls in angereicherter Umgebung zu sehen: beim Tanken, im Café, beim Bergsteigen, Angeln, Äpfel pflücken und Ähnlichem.

Nach dem Anschauen der Bildserie erinnerten die Probanden 4,6 körperliche Details der nackten Menschen (beispielsweise deren Haarfarbe), aber immerhin auch 4,2 Details der bekleideten Personen. Die bekleideten Körper wurden also ebenso gründlich betrachtet wie die unbekleideten.

Ganz anders sah es für die schönen Objekte im Hintergrund aus. Während sich die Probanden aus dem Hintergrund der Bekleideten im Schnitt 0,72 Gegenstände einprägten, waren es bei den Nackten nur noch 0,23 Objekte ($p^* < 0,1$). Dass dabei, wenn überhaupt, (a) Männer eher Gegenstände hinter nackten Frauen und (b) Frauen bevorzugt Objekte hinter nackten Männern in Erinnerung behielten, war ein interessanter Nebenbefund. Auch das schon bekannte, durch Nacktheit bedingte Vergessen reproduzierte Schmidt: Die drei nach einem Nacktfoto gezeigten Abbildungen entfielen den meisten Probanden.

IG-GESAMTNOTE: Erstens: Frauen achten ebenso wie (angeblich nur) Männer stark aufs nackte Äußere des anderen. Zweitens: Den *Playboy* lesen Herren nicht wegen der Interviews, denn die behält man wegen der nackt ausgelösten Amnesie sowieso nicht. Drittens: Die Meldungen »Erster Lachs nach Hause gekommen«, »Fernsehen macht Kinder traurig« und »Wilder Schafbock rammt Rentner tot« habe ich gleich wieder vergessen. Wer war schuld? Natürlich Dunja und ihre frechen Obermieter.

Stephen Schmidt (2002), »Outstanding Memories: The Positive and Negative Effects of Nudes on Memory«. In: *Journal of Experimental Psychology: Learning, Memory, and Cognition*, Nr. 28, S. 353–361.

Douglas Detterman | Norman Ellis (1972), »Determinants of induced amnesia in short-term memory«. In: *Journal of Experimental Psychology*, Nr. 95, S. 308–316.

STAUBIGE VÖGEL

An Legebatterien wird sich bald niemand mehr erinnern können. Die Biologen Tina Widowski und Ian Duncan versetzten sich trotzdem in die Welt der dort gehaltenen Hühner und fragten sich, wie stark die Tiere ihr Staubbad vermissen. Dazu bauten sie eine Kiste, die nur mit einer Art Katzenklapptür verschlossen war. Dahinter verbarg sich ein weiteres Räumchen, dessen Boden acht Zentimeter dick mit Torffasern ausgelegt war.

Die Frage war, wie stark sich die Tiere anstrengen würden, um zum begehrten Schmutz zu gelangen. Also klemmten die Forscher verschieden schwere Gewichte an das Türchen und hielten die Hühner einige Tage lang vom Staubbaden ab. Zuvor hatte man zwölf schönen Amberlink-Hühnern, die im Torfgewühl groß geworden waren, beigebracht, wie eine Schwingtür überhaupt zu öffnen ist.

Im Test hatten die Tiere zehn Minuten Zeit, die Tür zu öffnen. Wenn sie sich in den Torfraum begaben, durften sie 200 Sekunden lang machen, was sie wollten, beispielsweise den Boden zerraufen. Dann wurden sie wieder in die Ausgangsbox verfrachtet, und das Gewicht der Tür um jeweils 100 Gramm erhöht. Bei schwächlichen Hühnchen drückte man ein Auge zu und legte nur 25 Gramm auf. So oder so hörten die ständigen Unterbrechungen der Staubbäder immer nach der letzten Testeinheit pro Tag auf, und man gestattete dem Versuchshuhn dann 20 himmlische Minuten im Substrat[*].

Wie auch beim Kaulquappentest (vgl. *Köstliche Kaulquappen*) gab es zwei unerwartete Ausreißer. Diesmal waren es posche Hühner, die zwar vollständig begriffen hatten, wie das Türchen zu öffnen war, sich aber standhaft weigerten, es zu bewegen, wenn irgendein Gewicht darauf lastete. Sechs der verbleibenden zehn Tiere waren weniger zimperlich und hievten auch ohne besonderen Antrieb ein gutes halbes Kilo Extragewicht an, um in den Torf zu gelangen. Hatte man ihnen das Staubbad mehrere Tage vorenthalten, näherten sie sich sogar der Ein-Kilo-Grenze, wobei Henne Nummer sechs mit eineinhalb gestemmten Kilogramm einen Rekord erzielte. Anders als erwartet ließen sich aber alle Hühner, egal ob staubgierig oder nicht, immer ungefähr eineinhalb Minuten Zeit, bis sie mit dem Staubbad begannen. Manchmal hatten sie dazu aber auch gar keine Lust und harrten stattdessen der kommenden Dinge.

Dass ein Huhn stark war, hieß übrigens nicht, dass es sich deswegen auch immer Mühe gab. Einige Tiere öffneten das Türchen gern immer wieder, während andere sich schon nach dem ersten erfolgreichen Durchgang die Mühe sparten und lieber in der torflosen Kiste blieben, in der sie nach 200 Sekunden ja eh wieder landeten. Gelang es den Tieren nur noch mit Mühe, das Türchen hochzudrücken, dann entschieden sie sich manchmal auch für ein *vacuum dustbath*, also ein gespieltes Staubbad ohne Staub in der torffreien Kiste.

»Unserer Versuche zeigen, dass selbst Hennen, die längere Zeit nicht im Staub baden konnten, sich nicht immer körperlich anstrengen, um auf eine geeignete Unterlage zu kommen«, berichten die Autoren. »Es könnte auch sein, dass wir aus Versehen eine Fehlkonditionierung vorgenommen haben. Die Hühner haben bei uns vielleicht so lange gelernt, dass Türen stemmen immer mit dem geliebten Staubbad einhergeht, dass ihre Glücksgefühle zuletzt schon durch das Heben der Tür allein ausgelöst wurden.«

IG-GESAMTNOTE: Kritzekratze – Spitzenklasse. Unsere pickenden Freundinnen lassen sich nicht vom Versuchsleiter vorschreiben, wann und wie lange sie zu staubbaden haben. Der Ig-Nobelpreis hätte an die Federviecher gehen müssen, aber das war dann sogar den oft kindlich vergnügten Kollegen aus den USA zu dumm. So prallte Stolz auf Stolz und die ganze Sache versandete wie eine Scharrspur im Wüstenwind.

Tina Widowski | Ian Duncan (2000), »Working for a dustbath: are hens increasing pleasure rather than reducing suffering?« In: *Applied Animal Behavior Science*, Nr. 68, S. 39–53.

Gurbakhsh Sanotra | K. Vesterggard | J. Agger | Lartey Lawson (1995), »The relative preferences for feathers, straw, wood shavings and sand for dustbathing, pecking and scratching in domestic chicks«. In: *Applied Animal Behavior Science*, Nr. 43, S. 263–277.

HÜHNER BEVORZUGEN SCHÖNE MENSCHEN

Ein Gesicht verrät nicht nur viel über den Phänotyp* des möglichen Partners, sondern auch über dessen Genotyp*. Wer beispielsweise gegen Parasiten resistent ist, wird von diesen nicht in der Körperentwicklung gestört und hat dann regelmäßigere Gesichtszüge als der parasitierte Nachbar. Das, so meinen heutige Biologen, ist der Grund, warum die stinklangweiligen Gesichter von Schiffer, Moss und Klum trotzdem rocken: Ihre Züge sind hochsymmetrisch.

Auch Ethnie, Geschlecht und Alter spiegeln sich im menschlichen Gesicht wider. Das ist bei der Entscheidung über eine angestrebte Verpaarung praktisch: Schon beim Candle-Light-Dinner in geschlossener Abendgarderobe (Europa) beziehungsweise dem ersten Date in fluffigem Joggingdress (USA) lässt sich abchecken, ob man sich später gegenseitig ausziehen sollte oder nicht.

Drei Stockholmer Kollegen fanden das alles zu vermenschlicht und prüften, ob nicht die Liebe zur Ebenmäßigkeit entwicklungsgeschichtlich viel tiefer ins Nervensystem programmiert ist. Die optische Prä-Sex-Prüfung innerhalb der eigenen Art sei nur Folge einer fest verlöteten Schönheitsprogrammierung.

Vier Haushühner und zwei Haushähne wurden daher mit

Der Zoologe und Verhaltensforscher Magnus Enquist interessiert sich nicht
nur für Hühnchen, sondern auch für verschieden symmetrische Pinguine. Wie
man sieht, beruht das auf Gegenseitigkeit. *(Foto: M. Enquist)*

Leckerlis trainiert, ein aus 35 überlagerten Fotos gebildetes
Standardgesicht des jeweils anderen Geschlechts prima sowie sechs echte, weniger gleichförmige Gesichter uninteres-
sant zu finden.

Gleichzeitig wurden je sieben Biologiestudenten und
-studentinnen gefragt, mit welchem der auch den Hühnern
gezeigten Menschengesichtern sie gern – und wie gern –
ausgehen würden.

Das Ergebnis: Die Chickens pickten umso hastiger, je symmetrischer das Gesicht vor ihrem Schnabel war, und auch die Chicks wollten am liebsten mit symmetrischen Kerls um den Block und ins Bett ziehen. Die Bevorzugungskurven ähnelten sich mit $r^2 = 0{,}98$ (siehe r* und Korrelations-Koeffizient*) schon geradezu gespenstisch. Es gab nicht eine einzige Ausnahme, in der die Güte eines Gesichtes von den hopsenden Federbündeln anders bewertet wurde als von Menschen.

IG-GESAMTNOTE: Kurze und schmerzliche Ergebnisse: Ig-Nobelpreis des Jahres 2003 für interdisziplinäre Forschung. Alle drei Kolleginnen reisten aus Stockholm an und feierten mit der versammelten Schar asymmetrischer Sonderlinge.

Stefano Ghirlanda | Liselotte Jansson | Magnus Enquist (2002), »Chickens Prefer Beautiful Humans«. In: *Human Nature*, Nr. 13, S. 383–389.

MÜCKEN UND LIMBURGER KÄSE

Es gibt viele Annahmen darüber, was Mücken wohl mögen: Süßes Blut, Käsefüße, Achselschweiß und so weiter. Wie jedem Tropenreisenden leidlich bekannt ist, gibt es unter den vielen Arten stechender Mücken aber große regionale Unterschiede. Deutsches Autan hilft nicht unbedingt gegen vietnamesische Mücken, während die Stinkekringel von den Philippinen in Europa wirkungslos verräuchern.

Um den sommerlichen Terror ein für alle Mal zu beenden, versuchte die Mosquito and Fly Research Unit des US-Landwirtschaftsministeriums, eine weltweit anwendbare Falle zu entwickeln – gespeist mit Limburger Käse.

Dieses leckere Nahrungsmittel weist nicht nur eine Rotschmiererinde, sondern auch einen kräftigen Geruch auf, den mein Kollege Daniel Kline 615 Weibchen aus sechs sirrenden Mückengattungen (Aedes, Anopheles, Culex, Culiseta, Psorophora und Coquillettidia) vorhielt. Zur Auswahl hatten die Tiere zudem drei Tage lang getragene Socken, menschliche (lebende) Hände und saubere Luft.

Das Ergebnis war überraschend: Zwar flogen die Tiere von Anfang an sehr gern die Socken an (66,1 Prozent), ließen den Limburger aber links liegen (6,4 Prozent). Nachdenklich machte vor allem die anhaltende Vorliebe der Tiere für die getragenen Textilien: Selbst nach acht Tagen Lagerung im Freien flogen die Mücken immer noch die Socken an.

Damit wird die studentische Zeltlagerstrategie »Socken kurz lüften und dann wieder anziehen« sinnlos. Zwar hilft dies dabei, den bekanntermaßen ekeligen Waschraum des Campingplatzes beziehungsweise der Jugendherberge nicht betreten zu müssen. Andererseits locken die nur scheinbar frischen Socken nachts klammheimliche Sechsbeiner ins Zimmer.

Und jetzt die gute Nachricht: Obwohl sich die Fettsäuren in Limburger Käse und Abschabungen ungewaschener Menschenfüße stark ähneln, gibt es doch genügend andere Unterschiede in derer sonstiger Zusammensetzung. Selbst gierige Blutsaugerinnen lassen sich vom Milchprodukt nicht täuschen und bleiben dem evolutionären Original – dem schwitzenden Menschen – in Treue ergeben.

IG-GESAMTNOTE: Trotz des hohen Nutzwertes und der mutigen Sockenträger wurde das Paper aus unerklärlichen Gründen nicht zum Ig-Nobelpreis zugelassen. Meine Leserinnen wissen es ab sofort besser und können künftigen Sommern beziehungsweise tropischen Klimaten mutig, weil mit frischer Fußbekleidung, ins schwirrende Auge blicken.

Daniel Kline (1998), »Olfactory Responses and Field Attraction of Mosquitoes to Volatiles from Limburger Cheese and Human Foot Odor«. In: *Journal of Vector Ecology*, Nr. 23, S. 186–194.

Mark Benecke et al. (2004), »Sticht! Das Mücken-Quartett. Ein Insekten-Kartenspiel«. In: *Neon*, Nr. 8 (21.6.2004), S. 106 f.

SCHLAFZIMMER SPIEGELT DIE SEELE

Forscher aus ordnungsliebenden Gegenden der Welt (Singapur und Texas) haben sich im Jahr 2000 zusammengeschlossen, um zu prüfen, wie sich auch ohne Anwesenheit eines Menschen dessen Charakter ermitteln lässt.

Grundlage der Experimente waren zwei Theorien. Erstens: Bei der Persönlichkeitsdarstellung umgeben sich Menschen mit Symbolen, die ihr Selbstbild widerspiegeln und verstärken, beispielsweise mit einer Muschel als Urlaubserinnerung (Romantiker), einem Blutspende-Aufkleber (soziale Verantwortung, »guter Mensch«) oder einer Maske aus Afrika (Abenteurer).

Die zweite Überlegung besagt, dass jeder Mensch soziale Spuren legt und hinterlässt. Hier drückt sich der Charakter also in indirekteren Zeichen aus. Male ich gern, so liegen Stifte herum, also bin ich »künstlerisch« veranlagt. Sind meine DVDs von A bis Z sortiert, bin ich ordentlich und damit ein gewissenhafter Mensch.

So weit die Theorie. Die Forscher schickten nun Trupps von Versuchspersonen in Architekturbüros, Banken und Werbeagenturen und ließen die Beobachter melden, welchen Charakter die nicht anwesenden Insassen der Arbeitswaben wohl haben würden. Erstaunlicherweise stellte sich heraus, dass die Einschätzungen der VP recht nah an denen lagen, die sich die Untersuchten selbst auch attestierten – etwa zur Frage des seelischen Gleichgewichts oder ob sie sich als extrovertiert, niedergeschlagen und/oder »angenehm« einschätzten.

Dieser verblüffenderweise funktionierenden Wohnzimmerpsychologie misstrauend, wurden nun 83 Schlafzimmer nach derselben Methode unter die Lupe genommen. Doch auch hier zeigte sich: Die Ermittler konnten durch bloßes Betrachten der *behavioral residues* einschätzen, ob der Schläfer modern, effizient, sportlich und/oder putzteuflisch ist.

Nur zwei Besonderheiten gab es: Erstens ist es einfacher, den Menschen an seinem Schlafzimmer zu erkennen, da er sich am Arbeitsplatz wegen äußerer Zwänge weniger entfalten und ausdrücken kann. Und zweitens darf der Betrachter nicht wissen, aus welcher Ethnie die VP stammt – sonst fällt er doch noch auf Vorurteile wie »offen und extrovertiert« (Weiße) oder »verantwortungsvoll und angenehm« (Asiaten) herein.

IG-GESAMTNOTE: Obwohl die Ergebnisse für ein 18-seitiges Paper vielleicht einen Tick zu vorhersagbar sind, können Sie nun wenigstens wissenschaftlich und objektiv beweisen, welchen Charakter Ihr Chef/Ihre Chefin hat. Zusendungen mit Foto des untersuchten Arbeits- oder Schlafplatzes bitte an den Autor.

Samuel Gosling | Sei Jin Ko | Thomas Mannarelli | Margaret Morris (2002), »A room with a cue: Personality judgements based on offices and bedrooms«. In: *Journal of Personality and Social Psychology*, Nr. 82, S. 379–398.

EISKALTE PENISKNOCHEN

Die schwedische Fachzeitschrift *Oikos* ist immer für eine Überraschung gut, weil sich ihre Redaktion von auch noch so abstrus erscheinenden Themen nicht abschrecken lässt. So druckte sie im Jahr 2004 den aufwändig geführten Nachweis, dass Wirbeltiere einen umso längeren Penisknochen (= *baculum*) haben, in je höheren Lagen sie leben.

Das hat drei Gründe. Erstens sind Tiere in den Bergen wegen der wenigen Nahrung weit verteilt und treffen sich – zusätzlich durch den hohen Schnee behindert – nur selten. Hier hilft wegen der mangels Dates nicht zu erreichenden Quantität einzig eine hochqualitative Begattung. Wer einen langen Penisknochen besitzt, ist hier im Vorteil, denn sein Sperma dringt nicht nur tiefer ein. Es werden gleichzeitig auch die Spermien des Vorgängers mechanisch-kolbenartig ausgeräumt.

Diese Verdrängung hat zweitens nur deshalb einen Sinn, weil viele Wirbeltierweibchen in großer Höhe das Einnisten der Eizellen über einen Monat lang verzögern können. Auch das ist eine Anpassung an die unwirtlichen Lebensräume: Nur wenn das Wetter besser wird, kommt das Ei zur Implantation. Erst diese variable Verspätung erlaubt postkopulatorische Konkurrenz.

Wer ein Leben in der Kälte führt, hat einen langen Penisknochen. Das Walross
(*Odobenus*) schlägt dabei mit 56 Zentimetern andere Säugetiere aus dem Feld.
Foto von Odobenus rosmarus; U.S. Fish and Wildlife Service/Donna Dewhurst/AK/RO/00242.

Drittens wurde schon 1979 erstmals vermutet, dass ein größeres Baculum auch eine höhere (»bessere«) Erregung beim Weibchen bewirken könnte. Hierzu ist aber nix Genaues bekannt, da eigentlich erst Nerze, Vielfraße, Schwarzbären und Stinktiere untersucht wurden, die sich allesamt kniffelig gebärdeten.

Bonuspunkte gibt es für den Fleiß der forschenden Kollegen Ferguson und Larivière: Sie werteten Daten von 13 332 (kein Tippfehler!) Wetterstationen aus, ermittelten den Wasserbedarf beziehungsweise -verbrauch der Tiere, bezogen Höhe, Schneefall, Populationsgrößen und -dichten sowie Polygynie und Monogamie mit ein. Dabei zeigte sich, dass der Penisknochen schrumpft, wenn Männchen Zugang zu vielen Weibchen haben (Polygynie). Gibt es dagegen Mitbewerber um die Weibchen (multi-male mating), steigt die Knochenlänge wieder.

Übrigens ist der Penisknochen auch bei Säugetieren, die im Meer kopulieren, länger (Rekord: 56 Zentimeter beim Walross), da die Spermien vom salzigen Liquid geschädigt würden. Mithilfe eines langen Baculums gelangen sie jedoch sicher dahin, wo sie hingehören.

IG-GESAMTNOTE: Zahlreiche Fliegen mit einem Penisknochen erschlagen; kristallklarer Kandidat für den diesjährigen Biologie-Ig-Nobelpreis. Aber wahrscheinlich hört in Harvard eh wieder keiner auf mich und meine wilden Baculi.

Steven Ferguson | Serge Larivière (2004), »Are long penis bones an adaption to high latitude snowy environments?« In: *Oikos*, Nr. 105, S. 255–267.

SPUCKENDE IGEL

Immer mehr Tierarten geraten aus unserem verstädterten Blickfeld. Einige vierbeinige Mitgenossen schaffen es aber, nicht nur in Kinderbüchern, sondern sogar in grünen Stadtteilen noch sichtbar zu bleiben. Sie gelten dann meist als süß und knuffig, sind es aber natürlich nicht im Geringsten.

Ein Beispiel dafür ist der Igel. Stets verlaust, tapert er schlurfend und schmatzend durch die Gärten. Doch damit nicht genug. Wenn sich Igel aufregen, bespucken sie sich.

»Zweifellos handelt es sich um einen Instinkt, dessen biologische Bedeutung uns jedoch nicht völlig klar ist«, sagt Igelforscher Martin Eisentraut. »Kommt ein Igel mit bestimmten, charakteristisch schmeckenden oder riechenden Stoffen, besonders solchen, die ihm neu und ungewohnt sind, in Berührung, beginnt er lebhaft interessiert, sie zu belecken und gegebenenfalls mit dem Maul aufzunehmen und durchzukauen. Er steigert sich dabei in einen Erregungszustand und sondert reichlich Speichel ab, mit dem er durch Kaubewegungen das Ganze in eine schaumige Masse verwandelt.

Nach geraumer Zeit wendet das Tier seinen Kopf unter eigenartigen Verrenkungen nach hinten und spuckt oder besser schleudert mit der lang hinausschnellenden Zunge den

Speichel auf sein Stachelkleid. Meist wiederholt der Igel den Spuckakt mehrmals, mitunter sogar 40- bis 50-mal, wobei er dann gewöhnlich beide Körperseiten und verschiedene Partien seines Stachelkleides einspeichelt.«

Das weckte die Neugier der Forscher. Wussten sie schon nicht, warum die Igel sich so gebärdeten, so wollten sie wenigstens wissen, welche Substanzen den Igel zur schäumenden Raserei brachten. Also setzten sie ihnen Leim, Hyazinthen, Parfüm, Seife, Druckerschwärze, Baldriantinktur, faulende tierische Stoffe, Krötenhaut und andere Igel vor. Außerdem bepusteten sie die Igel mit Lackdämpfen und Zigarrenrauch. In allen Fällen bespuckten sich die Igel mehr oder weniger stark.

Erlernt ist das Verhalten nicht, weil schon sieben Tage alte Tiere es zeigen. In diesem Alter sind die Augen der Igelchen aber noch geschlossen.

Eisentraut besorgte sich nun Tiere aus völlig anderen Gegenden der Welt, nämlich aus Äthiopien und dem Iran. Als er einen noch blinden äthiopischen Igel aus dem warmen Körbchen nahm, geschah es:

»Als der Jungigel mit etwas aufgerichteten Vorderfüßen über den Tisch zu kriechen begann, kam er mit meiner Tabakpfeife in Berührung, leckte mit zunehmendem Interesse am Mundstück und führte daraufhin das typische Selbstbespucken vor, indem er den Kopf scharf einmal nach rechts, dann nach links wendete und mit der vorgestreckten Zunge schaumigen Speichel auf die seitlichen Rückenstacheln absetzte. Nach kurzer Zeit hatte er sich abreagiert und kroch weiter.«

Es genügt den Igeln aber auch, wenn sie die Hand des

Forschers oder eine Blumendekoration mit der Nase berühren. Das Bespucken ist so anregend, dass es auch andere Igel mitreißt. »Währenddessen stürzte ein zweiter Jungigel in großer Erregung aus dem Käfig, beschnüffelte den Sichbespuckenden und kaute ebenfalls etwas an den abgerissenen Blütenteilen. Er beruhigte sich dann aber bald und lief davon, ohne gespuckt zu haben.«

Das Bespucken ist deswegen so interessant, weil kein anderes Säugetier ein derartiges Verhalten zeigt. Vielleicht ähnelt es dem Verhalten von Hunden, die sich in stark riechenden Substanzen wälzen, oder dem Einemsen von Vögeln. Dabei nehmen Vögel herumlaufende Ameisen mit dem Schnabel auf und reiben sie ins Gefieder. Das kann so weit gehen, dass sich die Tiere mit halb geöffneten Flügeln auf einen Ameisenhaufen legen. Auch hier ist eine steigende Erregung der Tiere zu beobachten, und auch hier lassen sich die Tiere mit anderen Substanzen foppen: Zitronensaft, Orangen, Essig, Apfelstücken und ähnlich Saurem.

»Der positiv gefühlsbetonte Erregungszustand kann sich bis zu einer Ekstase steigern«, merkt Eisentraut an. »Vögel können aber mit Ersatzobjekten vorlieb nehmen. Es liegen Beispiele dafür vor, dass ein Vogel nur so tut, als nähme er Ameisen auf und streiche sie gegen das Gefieder.

Beim Igel wie beim Vogel kommen recht merkwürdige Körperverrenkungen vor, die so weit gehen, dass das Tier mitunter das Gleichgewicht verliert und seitlich umkippt.«

IG-GESAMTNOTE: Fraglos hervorragend. Da außer mir im Komitee niemand Deutsch spricht, und da der Originalartikel unübersetzbar ist, bleibt dieses Opus ein Geheimtipp.

Martin Eisentraut (1953), »Vergleichende Beobachtungen über das Sichbespucken bei Igeln«. In: *Zeitschrift für Tierpsychologie*, Nr. 10, S. 50–55.

FRAUENVERSTEHER UND PORNOGRAFEN

Obwohl sich einige Anbieter durchaus Mühe geben, der Sache Esprit einzuhauchen, sind die meisten Pornofilme dramaturgisch recht gleichförmig. Die ritualhafte Aneinanderreihung von Verhaltensabläufen ist aber nicht nur stumpf, sondern engt auch das Denken und Wollen der Zuschauer ein. Wem die Fantasie allerdings vorher schon fehlte, der wird sie hinterher auch nicht vermissen.

Ryan Burns von der Christian University (ausgerechnet!) in Texas war diesem Übel im Jahr 2002 auf der Spur. Er trommelte $n^* = 348$ Männer zusammen, die gewohnheitsmäßig Sexfilme oder -bilder ansahen, und ließ sich erklären, warum sie das tun. Außerdem notierte der frisch gebackene Doktor, was die VP* über Frauen denken.

Jedem ist klar, was solch eine Studie wahrscheinlich ergibt: Männer, die häufig Pornos gucken, sehen in Frauen nichts als ein Sexobjekt. Die Frage ist nur, ob die Männer das schon immer so empfanden. Es könnte ja auch sein, dass die Filme eine Art verkorksten Lernvorgang antreiben, bei dem der Zuschauer sich geistig immer mehr auf dieselbe Stufe wie die erregenden Vorbilder auf dem Bildschirm begibt.

Anders gesagt: Wenn ein Mann schon immer ein schlechtes Menschen- und Frauenbild hatte, dann können die Sexfilme daran nicht schuld sein. Falls Pornos aber Propaganda gegen Gleichberechtigung und Anmut wären, dann sollte man sie vielleicht wirklich abschaffen. Denn dass die Zuschauer durch Filme langsam aber sicher zu Menschen verachtenden Maschinen umprogrammiert werden, kann niemand wollen.

Da Kollege Burns von Beruf Kommunikationsforscher ist, las er sich zuvor in die Texte derjenigen Frauenrechtlerinnen ein, die gegen Pornos sind. Außerdem beschäftigte er sich mit den biopsychologisch und sozialwissenschaftlich recht gut untersuchten Vorgängen beim Lernen. Denn angeblich sind es ja die in den Sexfilmen dargestellten Verhaltensweisen, von denen der Betrachter lernt, sich danebenzubenehmen.

Beim Nachdenken kristallisierten sich vier Sätze heraus, die Burns mittels eines Tests jeweils bestätigen oder widerlegen wollte:

Je mehr Pornos und Nacktfotos ein Mann ansieht,

- desto eher beschreibt er Frauen mit vorwiegend sexuellen Begriffen;
- desto eher beschreibt er Frauen mit Worten, die deren Weiblichkeit betonen;
- desto eher beschreibt er Frauen allgemein abwertend;
- desto eher sieht oder wünscht er sich Frauen in althergebrachten Rollen.

Mit diesen von Gefühlsballast befreiten Annahmen ließ sich nun wissenschaftlich arbeiten. Der dazu passende Fragebogen enthielt nur wenige, dafür aber gut überlegte Fragen:

Welche Art von Porno schauen Sie? Wie lange? Warum? Und wie beschreiben Sie Frauen?

Die Fragen wurden nun noch ein wenig verfeinert und ins Netz gesetzt – dorthin, wo Gewohnheitspornografen auf sie stoßen mussten. Erstaunlich war, dass es Burns sogar gelang, Sex-Bezahlseiten davon zu überzeugen, die Aktion einige Tage lang zu veröffentlichen. Auch in Diskussionsforen wie sex-kitten.com und passenden Newsgroups erschien der Aufruf.

Burns scheute wirklich keine Mühe. Im Usenet fischte er beispielsweise aus der bekannten Obergruppe mit dem Namen »alt.sex« (»alternativ/sex«) Diskutierende aus 72 verschiedenen heterosexuellen Untergruppen. Sie wurden allesamt mit den Fragen versorgt. Auch die Teilnehmer von 52 Sexkanälen im ebenfalls im Internet verfügbaren Direktaustausch IRC (Chat) sprach der fleißige Forscher nach Auswahl mithilfe des Windows-Programms mIRC an.

Das Gute an dieser rein aufs Internet anstatt auf Partys, Heftchen und DVDs bezogenen Untersuchung war, dass hier ehrlichere Antworten als in der Videothek oder im Sexshop zu erwarten waren. Während die Gäste und Kunden sich dort immerhin noch an der Kasse oder vor ihren Freunden outen müssen, bleiben sie im Netz vollkommen anonym und können ihre echten Vorlieben frei zugeben.

Als die Bögen eintrudelten, ergab sich eine Überraschung. Viele Sexsuchende waren weder fantasie- noch farblos. So mussten sich die Teilnehmer zum Beispiel selbst ausdenken, wie sie Frauen beschreiben wollten; es gab keine Vorauswahl von Eigenschaftswörtern, wie bei Ankreuztests zwangsläufig üblich. Eingesendet wurden sage und schreibe

1322 Frauen zugeschriebene Eigenschaften. Kein Tippfehler – den Männern waren wirklich weit über 1000 Wörter eingefallen. Hier eine Auswahl der häufiger genannten:

sanft, graziös, kreativ, wankelmütig, ängstlich, schwierig, dominant, individuell, ehrlich, geil, süß, kurvig, großzügig, gruppenorientiert, humorvoll, listig, unerklärlich, überzeugend, berechnend, attraktiv, ruhig, hässlich, liebenswürdig, arbeitsam, geduldig, weich, belastbar, eifersüchtig, kleinlich, einfühlsam, rachsüchtig, warm, unabhängig, gefühlsbetont und zuverlässig.

Das Frauenbild pornografisierender Männer kann also durchaus vielschichtig und detailliert sein. Unter den Top 5 der Eigenschaften sieht es dementsprechend aus; allerdings findet sich nun auf Platz eins endlich auch:

1. Sex
2. fürsorglich
3. schön
4. faul
5. stark.

Auch hier also dieselbe Doppelwertigkeit, die Pornomänner schon in der langen Wörterliste ausdrücken: Frauen sind weich und hart, faul und arbeitsam, vertrauenswürdig und beeinflussend sowie schwach und stark. Hm.

Dass das Wort »Sex« am häufigsten genannt wurde, war für die Studie aus zwei Gründen unproblematisch. Erstens handelte es sich ja ausschließlich um Männer, die über Pornoseiten angesprochen wurden. Doch die wurden nun einmal mit sexueller Absicht angesteuert.

Zweitens war die Wortsammlerei nur der erste Schritt auf dem Weg zur Lösung der eigentlichen Frage: Welches Menschenbild haben Pornofreunde, die sich pro Woche durchschnittlich fünfeinhalb Stunden lang Pornos oder Nacktbilder in den Kopf drücken, dabei aber meist verlobt oder verheiratet sind (44,2 Prozent)?

Die Antwort lautet, dass Pornos und Sexbildchen für diese Männer vor allem der sexuellen Anregung und Entspannung dienen.

Diejenigen von ihnen, die pro Woche mehr als drei Stunden lang Pornos schauten, beschrieben Frauen tatsächlich eher mit sexuell gefärbten, die Weiblichkeit betonenden und abwertenden Eigenschaftswörtern ($p^* < 0,05$) als die Weniggucker.

Außerdem stellten sich die Dauerbetrachter Frauen am liebsten in der früher in den USA und Europa üblichen Rolle als zurückhaltende Mutter und Hausfrau vor.

»Die durchaus frauenunfreundlichen Ansichten der Pornovielgucker kommen wohl daher«, meint Burns, »dass sie beim Surfen ohne den Einfluss ihrer Freunde sind. Niemand sagt ihnen dort, dass sie sich einer sehr unausgewogenen sexuellen und gesellschaftlichen Vorlage aussetzen. Ob sie diese Vorlage aber ansteuern, weil sie in den Pornos ihr vorgefasstes Weltbild wiederfinden, oder ob sie umgekehrt von den Sexfilmen beeinflusst wurden und erst durch diese verbogen wurden, wissen wir nicht.«

IG-GESAMTNOTE: Und zack, damit ist die Untersuchung wieder bei der Ausgangsfrage angelangt.

Ein Ig-Nobelpreis wäre durchaus drin gewesen: große Stichprobe, vernünftig gebildete und geprüfte Annahmen sowie mit Mühe und Sorgfalt ausgewählte VP.

Auch die Ergebnisse der Befragung sind interessant: Nacktbild- und Pornogucker sind nur bei Dauerkonsum stupide Blödmänner mit überkommenem Frauenbild. Beim Großteil handelt es sich um sozial eingebundene, »normale« Menschen, die sehr viele Eigenschaften von Frauen wahrnehmen und beschreiben – fast immer ohne sexuellen Bezug.

Wegen dieser in den USA politisch inkorrekten Doppelschneidigkeit bleibt das Paper aber vermutlich wieder einmal in der ewigen Ig-Warteschleife.

Ryan Burns (2003), »Male Internet Pornography Consumer's Perception of Women«. (Online Study of Male Internet Pornography Consumers' Perception of Women and Endorsement of Traditional Female Gender Roles.) 89th Annual Meeting of the National Communication Association, November 19–23, 2003, Miami, Florida, 44 Seiten.

TAXIFAHREN IN NIGERIA

Ende der 1970er-Jahre stieg auf einmal die Zahl der Verkehrstoten in Nigeria. Eine erste Überprüfung ergab, dass die Autofahrer nicht nur zu schnell fuhren, sondern sich auch sonst nicht weiter um Verkehrsregeln scherten. Die Fahrzeuge waren öfters gnadenlos überladen (10,3 Prozent), und jeder zehnte Fahrer hatte nie einen Führerschein gemacht. Fast die Hälfte der Unfälle (43,8 Prozent) wurde laut Polizei durch rücksichtsloses Fahren verursacht, was auch immer das im Einzelnen heißen mag.

Kollege Wole Alakija von der Universität Benin wollte sich mit diesen allzu nahe liegenden Erklärungen nicht zufrieden geben und rollte das Ganze noch einmal von vorn auf.

Als Erstes fiel ihm bei der Durchsicht der Akten auf, dass die Unfälle vorwiegend von Taxis verursacht wurden (41,6 Prozent). Also baute er im Büro eines der drei großen Stellplätze in Benin ein Minilabor auf und schnappte sich mit Erlaubnis der zuständigen Gewerkschaftsbosse 180 der stets männlichen Taxifahrer. Darunter waren auch solche, die von Benin aus nach Lagos, Sapele und Agbor – das heißt längere Strecken – fuhren.

Da die meisten Befragten des Lesens und Schreibens unkundig waren, entschied sich Alakija für zwei Bildertests (Snellen-Test und E-Test). Dabei werden Tafeln aufgehängt, die anstelle der immer kleiner werdenden Buchstaben beim Optiker Bilder zeigen. Die Fahrer mussten nun beschreiben, was auf den Bildern zu erkennen war. Außerdem wurden sie nach Alter, Familienstand, Ausbildung und ihren Fahrerfahrungen befragt.

Obwohl kein einziger Taxifahrer zugab, jemals einen nennenswerten Unfall gebaut zu haben, zeigte sich nun auf einmal der unerwartete Grund der Unfälle. Über 90 Prozent der Taxifahrer fuhren noch nicht einmal zwei Jahre Auto, und ein gutes Drittel schnitt im Sehtest so schlecht ab, dass sie ohne Brille noch nicht einmal in ein Auto hätten einsteigen dürfen. Die Sehschwäche war aber kaum einem Fahrer bewusst: Nur acht von 100 sehbehinderten Drivern besaßen eine Brille.

Eine interessante Falle umschiffte Autor Alakija mit Geschmeidigkeit: Da nur jeder zehnte Fahrer verheiratet, die allermeisten aber Singles oder geschieden waren, könnte man frech behaupten, dass Taxifahren schädlich für Beziehungen ist (vgl. *Lehrende laufen Gefahr, sich in Studentinnen zu verlieben*). Doch das wäre wohl ein typisches Storchproblem[*] gewesen.

IG-GESAMTNOTE: Hut ab – hört sich hinterher ganz einfach und naheliegend an: Die Unfälle entstanden durch Unerfahrenheit und Sehschwäche. Man musste aber erst mal darauf kommen, und zwar durch echte Messungen, nicht durch Nachdenken im staubigen Kämmerchen.

Die Studie hätte meiner Meinung nach einen Ig-Nobel-preis verdient, das Team in Harvard hat sich aber wohl nicht getraut, den nigerianischen Kollegen mit dem Taxi zum Flughafen fahren zu lassen.

Wole Alakija (1981), »Poor Visual Acuity of Taxi Drivers as a Possible Cause of Motor Traffic Accidents in Bendel State, Nigeria«. In: *Journal of Soc. Occup. Medicine*, Nr. 31, S. 167–170.

A. Siddique | C. Abengowe (1979), »Epidemiology of road traffic accidents in developing communities: Nigeria as an example«. In: *Tropical Doctor*, Nr. 9, S. 67.

WER TRINKT, VERDIENT MEHR

Das Zerrbild des saufenden Hallodris, der mit Zottelbart und fleckiger Bekleidung durch die Straßen torkelt, spiegelt die Wirklichkeit nur teilweise wider. Ökonom Christopher Auld von der kanadischen Universität Calgary konnte das in einer ebenso aufwändigen wie politisch inkorrekten Untersuchung nachweisen.

Schon seit einigen Jahren geisterte unter Wirtschaftswissenschaftlern das »Alkohol-Einkommen-Rätsel« herum. Es besagt, dass Menschen, die trinken und hochwertige Drogen zu sich nehmen, in der Regel auch viel verdienen. Da dies den US-Amerikanern, die sich mit sachbezogener Drogenpolitik schwertun, zu heiß war und den Europäern offenbar zu langweilig erschien, steckten auf einem wirtschaftswissenschaftlichen Kongress im Jahr 2000 vorwiegend kanadische Forscher die Köpfe zusammen und nahmen sich der Sache an.

Der grundsätzliche Widerspruch ist dabei, dass Dutzende von aktuellen Untersuchungen scheinbar beweisen, dass Alkoholkonsum zu Verkehrsunfällen, Selbstmorden, Gewalt gegen andere Menschen und, für Wirtschaftswissenschaftler am entsetzlichsten, zu enormen Arbeitsausfällen führt. Unbegreiflich war daher, dass mit steigendem Pegel das Einkommen zunehmen sollte. Hinzu kommt, dass Raucher weniger verdienen als Alkoholtrinker – und das, obwohl Rauchen und Trinken, wie jeder Partygänger weiß, oft aneinander gebunden sind.

Zusätzlich angestachelt wurde Ökonom Auld, als er mit den gängigen Formeln seiner Wissenschaft berechnete, was geschehen müsste, würden Menschen die Finger völlig vom Alkohol lassen. Schockierendes Ergebnis laut Computerauswertung: Sie würden im Vergleich zu ihrer alkoholisierten Umgebung im schlimmsten Fall nur mehr die Hälfte verdienen.

Um dieses Gestrüpp aus unvereinbaren Tatsachen zu lichten, besorgte sich Auld 3891 Datensätze aus dem »General Society Survey« (GSS; vgl. *Ausziehungskraft junger Frauen*) und nahm sich vor, den Tatsachen vorurteilsfrei ins Auge zu sehen.

Heraus kam Folgendes:

- Erstens: Nordamerikaner, die mindestens eine Zigarette pro Tag rauchen, verdienen zwischen acht Prozent und 30 Prozent weniger als Nichtraucher.
- Zweitens: Es stimmt, dass Alkoholabstinenzler bis zu 50 Prozent weniger verdienen als Trinker. Allerdings gilt dies nicht für harte Säufer. Die verdienen ebenfalls nur die Hälfte.

»Warum das so ist, weiß ich auch nicht«, sagt Auld. »Vielleicht landen Menschen mit einem bestimmten Charakter einerseits in gut bezahlten Jobs und haben anderseits auch einen Hang zum Trinken. Das wiederum kann an allem Möglichen, sogar den Geschmacksnerven, liegen, was wir als Wirtschaftswissenschaftler aber nicht prüfen konnten. Ich hoffe jetzt auf weiteres Funding*. Dann werde ich erst mal ein paar Lokalrunden schmeißen.«

IG-GESAMTNOTE: Wer sich extrem benimmt, ist im Nachteil. Das gilt für krankhaftes Saufen ebenso wie für Abstinenzler. Die Ursache für diesen Zusammenhang ist noch unklar, und auch die Sache mit den härteren Drogen müsste noch mal nachgeprüft werden. Eine insgesamt saubere Studie, die das puritanische US-Team aber wie erwartet nicht zum Ig-Nobelpreis zugelassen hat.

M. Christopher Auld (2002), »Smoking, Drinking, and Income«.
In: *Journal of Human Resources und Department of Economics Discussion Paper*, University of Calgary.

GROSSE FÜSSE

Als der Stoffwechselforscher Jerald Bain von der Universität Toronto seine künftige Ehefrau kennenlernte, machte seine Schwiegermutter unerklärliche Bemerkungen über dessen Schuhgröße.

Bain hatte zwar tatsächlich etwas kleinere Füße als andere Männer seiner Körpergröße. Was daran aber so interessant sein sollte, leuchtete ihm erst nach einigen Tagen ein. Da erfuhr er, dass in der englischsprachigen Welt die Meinung vorherrscht, kleine Füße gingen mit einem kleinen Penis einher.

Ursache dieses Volksglaubens war eine wohl etwas gewagte, aber im Grunde nicht völlig abwegige logische Kette. So hatte der Mannheimer Hautarzt Heinrich Loeb im Zusammenhang mit der Untersuchung von Tripper (Gonorrhö) schon vor 100 Jahren Penislängen gemessen. Ihm ging es zwar nur darum, den Rauminhalt der Harnröhre zu bestimmen; dazu ermittelte er aber auch die Körper- und Penislängen seiner 50 Tripperpatienten. Rechnet man die von ihm angegebenen Daten heute nach, so ergibt sich eine schwache, aber immerhin vorhandene Beziehung zwischen Penislänge und Körpergröße.

Da nun gleichzeitig größere Menschen häufig größere

Füße haben, kann man diese Beobachtungen miteinander koppeln und folgern: »Es stimmt zwar nicht immer, aber überdurchschnittlich oft haben Menschen mit großen Füßen auch einen längeren Penis«.

Nach einigen Monaten hatte Bain die schlüpfrigen Bemerkungen über seine kleinen Füße satt. Zusammen mit Kerry Siminoski, der an der Universität Alberta arbeitete, bat er 63 Freiwillige zum Penistest. Dazu zog Bain seinen Probanden am Penis, legte ein Lineal an und schrieb diesen Wert sowie deren Körper- und Schuhgröße auf.

Die statistische Auswertung ergab, dass der einzige erkennbare, wenngleich nicht sehr starke Zusammenhang zwischen Schuh- und Körpergröße bestand (r = 0,66 / Korrelations-Koeffizient*). Alle anderen vermuteten Verhältnisse soffen ab (r stets ‹ 0,3). Es gab noch nicht einmal einen Zusammenhang zwischen Alter und Penislänge und eben auch nicht zwischen Penis- und Schuhgröße.

Stattdessen sorgte ein anderes Ergebnis für Beunruhigung. »Die von uns gemessenen Penislängen«, berichtet Bain, »sind kürzer als die des Kollegen Schonfeld. Er maß im Mittel 13,2 Zentimeter, während wir nur auf durchschnittlich 9,4 Zentimeter kamen. Das kann ich mir nur dadurch erklären, dass Schonfeld bei der Messung stärker an den Penissen gezogen hat.

Bei unserer Studie habe ich jedenfalls alle Messungen selbst und auf die immer gleiche Weise durchgeführt, sodass trotz des unterschiedlichen Peniszuges durch die Kollegen unsere Statistiken jeweils sauber sind.«

Kaum waren diese Ergebnisse veröffentlicht, als sie auch schon durch die Zeitungen rauschten. Zwei Forscher vom

St. Mary's Hospital in London wunderten sich darüber und beschlossen im Jahr 2002, der Sache noch einmal Hand und Fuß zu geben. Ihrer Meinung nach hatten die Vorgänger nämlich stets kleine Fehler in den Experimenten gemacht. Entweder war die Fußlänge nicht wirklich gemessen, sondern bloß die Schuhgröße notiert worden. Da Schuhe aber größer und kleiner »ausfallen« können (Schuhladen-Soziolekt[*]), ist dieses Maß nicht präzise.

Der zweite Fehler ist ein wenig peinlich und entsteht dann, wenn die Streckung des erschlafften Penis so erfolgt, dass Blut in diesen schießen und sich damit die Länge verändern kann. Die Forscher Schonfeld und Beebe (1942) kamen beispielsweise auf eine mittlere Penislänge von 13,02 Zentimeter, Kollege Wessells et al. (1996) auf 12,45 Zentimeter, während Bondil et al. 1992 im französischen Chambery satte 16,74 Zentimeter maßen. »Bondils Arbeitsgruppe«, berichtet die urologische Forscherin Jyoti Shah aus London, »streckte die Penisse vor der Messung aber, indem sie dreimal an der Eichel zog.« Im Jahr 2002 trommelte Kollega Shah also noch einmal mehrere VP[*] zusammen, diesmal 104 Männer mit den Schuhgrößen 42 bis 48. Diese große Stichprobe, in der zudem alles von Hand »bis auf fünf Millimeter genau« (Shah) gemessen wurde, erlaubte nun eine solide Auswertung. Und siehe da: Es gab eindeutig keinen Zusammenhang zwischen Schuhgröße und Länge der erschlafften Penisse.

Dieses Ergebnis gilt auch für erigierte Glieder. Richard Ewans aus Kanada ließ dazu einige Jahre lang ein Messprojekt laufen, an dem sich über 3000 Freiwillige beteiligten. Zwar führten diese die Messungen selbst durch, es scheint aber so, als ob die große Stichprobe hier eventuelle Übertreibungen herausgemittelt hätte.

Bauchgrimmen bereitet nach wie vor die uralte Frage, wie lang ein durchschnittlicher Penis denn nun ist. Kondomhersteller interessieren sich dafür nicht, denn außer bei Ewans geht es ja nicht um aufgerichtete, sondern erschlaffte Glieder. Von industrieller Seite erreichten uns daher bislang keine Zahlen.

Auch die von Bain und Shah angesprochene Gleichförmigkeit der Messmethode bleibt problematisch. Laien berichten oft nur von oberflächlich ermittelten Längen. Das führt aber zu uneinheitlichen Ergebnissen, denn korrekt gemessen wird ab der Schambeinfuge, die man zuvor ertasten muss. Es hat daher auch wenig Sinn, alte Forschungsfotos von Menschen zu verwenden. Selbst wenn sie der Kamera zugewandt sind, ist dabei nur die gekrümmte Außenseite des ruhenden Penis zu sehen.

Für die Messungen problematisch ist auch, dass es nur wenige Regionen der Welt gibt, in denen Menschen regelmäßig beschnitten sind (im Westen besonders in den USA und in Israel). Beschnittene Penisse würden die fotografische Auswertung zumindest erleichtern, weil bis zur Penisspitze gemessen werden muss. Wenn diese aber durch eine Vorhaut verdeckt ist, treten alle möglichen Messfehler auf. »Um beispielsweise den Einfluss der Temperatur zu mindern«, berichtet Kollegin Shah, »nahmen wir die Messungen sofort nach dem Ausziehen der VP vor.« Gemeint ist damit, dass es im Krankenhaus kühl war, was die Penisse der Probanden schrumpfen ließ.

Wegen all dieser Hindernisse wird es wahrscheinlich nie

gelingen, die echten Längen von erschlafften Penissen zu ermitteln. Die einzige Möglichkeit wäre, ein Gerät zu bauen, das ruhende Glieder mit einheitlicher Zugstärke streckt. Bislang gibt es dazu aber noch keine Vorschläge. Wer allerdings eine gute Idee dafür hat, könnte Ruhm erlangen. Immerhin scheint die Penislängen-Vorhersage auch in diesem Jahrtausend noch rätselhaft und wichtig zu sein.

IG-GESAMTNOTE: Die meisten Leserinnen hätte statt der Längenmessungen wohl eher der Zusammenhang zwischen Schuhgröße und Penisdurchmesser interessiert. Da ich kein Spielverderber bin, habe ich mich bei der entscheidenden Ig-Komiteesitzung aber fein zurückgehalten. Das Ende vom Lied: Kollege Bain ist seit 1998 stolzer Ig-Nobelpreisträger, und seine Schwiegermutter schweigt für immer.

Heinrich Loeb (1899), »Harnröhrencapacität und Tripperspritzen«. In: *Münchener Medizinische Wochenschrift*, Nr. 46, S. 1016–1019.

Kerry Siminoski | Jerald Bain (1993), »The relationships among height, penile length, and foot size«. In: *Annals of Sex Research*, Nr. 6, S. 231–235.

Jyoti Shah | N. Christopher (2002), »Can shoe size predict penile length?« In: *BJU (British Journal of Urology) International*, Nr. 90, S. 586f.

KÖSTLICHE KAULQUAPPEN

»Über die vergleichende Schmackhaftigkeit einiger in der Trockenzeit anzutreffender Kaulquappen aus Costa Rica« überschrieb der kalifornische Zoologe Richard Wassersug seine klassische Untersuchung zur Frage, wie Kaulquappen schmecken. Dazu scharte er elf Freiwillige und acht Arten von Quappen aus vier Familien und sechs Gattungen um sich.

»Es handelte sich um häufige Arten von der Halbinsel Osa in der Region Puntaneras«, erinnert sich Wassersug, »und wir sammelten sie alle am Morgen des 6. März 1970.« Der eigentliche Versuch zog sich etwas in die Länge, sodass die Tiere ihre letzten Stunden in Aquarien verbrachten. Um 15.45 Uhr war die Schonfrist vorbei, und die mutigen Probanden – zwei Studentinnen, neun Studenten – verkosteten die kleinen Schwimmer.

Während des zweieinhalbstündigen Festmahls durften die Probanden keine Kommentare zum Geschmack der rohen Quappen abgeben, um sich nicht gegenseitig zu beeinflussen. Außerdem wurden ihnen die Tiere in einer den Studierenden unbekannten, wechselnden Reihenfolge verabreicht. Der Grund: Es war bekannt, dass dunkel gefärbte Kaulquappen möglicherweise schlecht schmecken. Das hat nichts mit ihrer Färbung zu tun, sondern damit, dass sich beispielsweise die schwarze Larve der Aga-Kröte Bufo marinus beobachtbar in riesigen Schwärmen tummelt. Diese dunklen Wolken greift kein Meerestier an. Ob das bloß auf die eindrucksvolle Wirkung des schwarzen Blobs im Meer oder aber die Giftigkeit jedes einzelnen Tierchens zurückzuführen ist, war damals unbekannt. So oder so sollten die Verkoster aber von ihren eigenen Vorurteilen abgeschirmt werden.

Das Essprotokoll war streng: Zunächst wurde das Hinterende der Kaulquappe vorsichtig mit den Zähnen ergriffen, dann mussten die Tiere leicht gekaut werden, ohne deren Haut zu zerstören. Erst nach 15 Sekunden durfte zugebissen und sich bis zu 20 Sekunden lang dem vollen Genuss hingegeben werden. Laut Versuchsanleitung sollten die Quappen allerdings nicht vollends verzehrt, sondern wie bei der Verkostung teurer Weine wieder ausgespuckt werden.

Ergebnisse: Zunächst mussten die zwei Raucher vom Test ausgeschlossen werden, weil sie entweder gar nichts schmeckten oder die Quappen wesentlich leckerer fanden als alle anderen Versuchsteilnehmer. Nach dieser Bereinigung der Daten zeigte sich, dass die dunkle Meeresquappe von Bufo marinus tatsächlich als Einzige einen schlechten Hautgeschmack hat. Diese unschöne Eigenschaft trat bei keiner anderen Quappenart auf.

Stattdessen stießen die Quappen der Baumfrösche Smilisca paeota und Hyla rufitela einschließlich des für seine Sprungweite und Giftigkeit berühmten Raketenfrosches Colostethus nubicola erst beim Zerbeißen fies auf. Ihre Haut war aber okay.

Die Kaulquappen der hier abgebildeten Aga-Kröte haben einen schlechten
Hautgeschmack. *Foto: T. Eisenberg*

Schmackhaftigkeitssieger wurde der außerordentlich un-
scheinbare Graubraune Baumfrosch Smilisca sordida, bei
dem sowohl Haut als auch Schwanz und Körper überzeugen
konnten. Verrückterweise belegte aber der zuvor als widerlich eingestufte Raketenfrosch Platz zwei, was auf Verzer-
rungen durch die kleine Stichprobe* hinweist.

»Wir wussten natürlich, dass Froschlurche schlecht
schmeckende Entwicklungsstadien durchlaufen«, fasst
Kollege Wassersug zusammen. »Als man 1922 versuchs-
weise Eier der Erdkröte Bufo bufo in einen anderen Frosch
einspritzte, starb dieser sogar. Umgekehrt bevorzugen oder
missfallen aber allen Räubern die Eier verschiedener Vögel
gleich stark.«

Die geschmackliche Gleichschaltung gilt nicht nur für

Eier fressende Spinnen, Echsen und Fledermäuse, sondern auch für Igel, Ratten, Katzen, Frettchen und Menschen. Das heißt: Was dem Menschen schmeckt, schmeckt auch vielen anderen Räubern. Mit dem scheinbar doofen Kaulquappen-experiment lassen sich daher weitreichende Schlüsse über das Leben und die Verteidigungsstrategien von weichen, kleinen Wassertieren ermitteln. Im vorliegenden Fall zeigt sich beispielsweise, dass diejenigen Kaulquappen, die sich durch Tarnfärbung oder Verhaltenstricks gut schützen, recht schmackhaft sind. Diejenigen Tiere hingegen, die durch ihre Farbe oder ihr Verhalten gut sichtbar sind und teils nicht einmal vor Feinden fliehen, schmecken besonders schlecht. Und damit sind wir wieder bei der Alltagserfahrung: Die kleinsten Skorpione (und Chefs) sind die giftigsten.

IG-GESAMTNOTE: Ein Experiment so schön und rund wie die hoffentlich glutrote Sonne über der abendlichen See vor Costa Rica: Glasklarer Ig-Nobelpreis für Biologie im Jahr 2000. Trotz 30-jähriger Preisverspätung reiste Zoo-loge Wassersug an und nahm in Harvard den Preis und unseren ehrlich gemeinten Applaus entgegen. Außer-dem wurde er zum Mitherausgeber der AIR berufen. Ehre, wem Ehre gebührt.

Richard Wassersug (1971), »On the Comparative Palatability of Some Dry-Season Tadpoles from Costa Rica«. In: *The American Midland Naturalist*, Nr. 86, S. 101–109.

SPÄTER STERBEN SPART STEUERN

Sterbende können dem Sensenmann eine Zeit lang entkommen, wenn sie nur wollen. Man kennt das von Verwandten, die nur darauf gewartet zu haben scheinen, ihre entfernt lebende Tochter oder den Sohn noch ein letztes Mal zu sehen. Erst dann scheiden sie dahin. Es ist auch wahr, dass in der ersten Woche des Jahres 2000 50,8 Prozent mehr Menschen starben als in der Woche zuvor. Diese Verzerrung entstand ganz offensichtlich, weil die Kranken noch den angeblichen »Y2K-Millenniums-Bug« oder das ebenso angeblich neue Jahrtausend abwarten wollten.

Ähnliches gilt für jüdische Menschen, die erst nach dem Pessach-Fest sterben, und zwar besonders dann, wenn es auf ein Wochenende fällt. Dann können besonders viele Verwandte mitfeiern – ein weiterer Grund, erst später zu sterben. Chinesen sterben zu 35,1 Prozent seltener vor Dim Sum, der gefeierten Nacht des Hellsten Mondes, und sterbende Moslems in Israel überleben gehäuft den Ramadan.

Doch zumindest den älteren Personen geht es offenbar nicht nur darum, die liebe Verwandtschaft zu sehen, sondern auch, dem Finanzamt ein letztes Schnippchen zu schlagen. »Ökonomen wissen, dass privat und finanziell einschneidende Ereignisse wie Geburt und Hochzeit genau geplant werden«, erklären die Wirtschaftswissenschaftler Kopczuk und Slemrod. »Warum sollte das nicht auch für einen günstigen Zeitpunkt des eigenen Todes gelten?«

Um diese Annahme zu prüfen, besorgten sich die beiden Forscher bei der US-Bundesfinanzverwaltung Steuerlisten ab dem Jahr 1917. Sie schworen, die darin enthaltenen persönlichen Daten nicht anzutasten, und konzentrierten sich auf Jahre, in denen es starke Finanzveränderungen gab.

Tatsächlich: Wenn eine Steuersenkung anstand, die der Vererbende aus steuergünstigen Gründen erleben musste, entstand ein schwacher, aber hübscher Effekt. Bei einem Steuervorteil von 1000 Dollar für die Erben lebte der Sterbende mit einer Wahrscheinlichkeit von 1,6 Prozent noch so lange, bis die Ersparnis in Kraft trat. Wurden die Steuern hingegen erhöht, so starb der Gönner mit einer um ein Prozent erhöhten Wahrscheinlichkeit vor diesem üblen Stichtag. In beiden Fällen waren die Erben die Gewinner.

»Zwar ist der Einfluss der Steuern auf den Todeszeitpunkt nicht atemberaubend«, meinen die Autoren, »aber dass es überhaupt einen Effekt gibt, zeigt, dass Steuern nicht nur das Hochzeitsdatum beeinflussen, sondern auch etwas, das man normalerweise nicht mit Steuerersparnissen in Einklang bringt.«

Es gibt allerdings noch eine andere Erklärung dafür, warum der Tod sich anscheinend stets in Richtung niedriger Steuern schleicht. »Wir können natürlich nicht ausschließen, dass die Verwandten das Datum des Todes zu ihren Gunsten fälschen«, räumen Kopczuk und Slemrod ein. »Aber selbst wenn das so wäre, würde es immer noch zeigen, dass Steuergesetze die Menschen dazu bringen, ihre Einnahmequellen zu schützen.« Und das auch, wenn es sich dabei um Menschen handelt.

IG-GESAMTNOTE: Der Tod ist ein Dandy, der nicht nur durch Glaube, Liebe und Neugier ins Schlittern kommt, sondern auch durch den von ihm gefürchteten Geiz. Der pragmatisch-kapitalistische Ig-Nobelpreis für Wirtschaft adelte diese ermutigende Erkenntnis im Jahr 2001.

Wojciech Kopczuk | Joel Slemrod (2003), »Dying to Save Taxes: Evidence from Estate Tax Returns on the Death Elasticity«. In: *Review of Economics and Statistics*, Nr. 85, S. 256–265. (Vorabversionen der Untersuchung lagen dem Ig-Nobelpreiskomitee schon im März 2001 vor, sodass wir den Preis vorab verleihen konnten.)

MURPHYS GESETZ

Jeder kennt Murphys Gesetz; es existiert in zahlreichen Aus-
prägungen. In deutschsprachigen Ländern lautet die Regel
meist: »Wenn ein Toast fällt, dann fällt er auf die gebutterte
Seite.« Bei Biologen, Chemikern und anderen Menschen, die
jeden Tag Versuche, ähm, versuchen, ist eine etwas verallge-
meinerte und brutalere Version beliebt: »Was schief gehen
kann, geht schief.«

Was bis zum Jahr 2003 nur eine Handvoll Leute wusste:
Es gab tatsächlich einen Herrn Murphy, und seine Regel
stammt tatsächlich aus den experimentellen Wissenschaften. Genauer gesagt, wurde Murphys Gesetz von einem Hau-
fen verrückter Ingenieure erschaffen, die in der Wüste mit
einer riesigen Raketenrutschbahn Abstürze von Militärma-
schinen nachstellten.

Diese Story wäre im Dunkel der Großstadtlegenden und
Redewendungen untergegangen, wenn nicht der an Flug-
historie interessierte Journalist Nick Spark im Jahr 2002
einen Artikel über das in den USA berühmte Luftwaffen-
gelände »Edwards« geschrieben hätte. Obwohl die Gegend
laut Landkarte eigentlich »Das Tal der Antilopen« heißt, finden sich auf Edwards weder Antilopen noch Täler, sondern
kilometerweite, platte, ausgetrocknete Seeflächen. Wasser

gibt es nirgends. Unter solchen Außenbedingungen lässt es sich wunderbar starten, landen und tüfteln (für Flieger: 34°55'18'' N, 117°55'59'' W). Viele Spaceshuttles wurden dort getestet und landeten nach »echten« Missionen auch auf dem Gelände.

Nachdem der militärgeschichtliche Artikel von Nick Spark in einer Fliegerzeitung erschienen war, wäre es das beinahe auch schon gewesen. Wenn, ja wenn der Autor das Heft nicht seinem Nachbarn in den Briefkasten geworfen hätte. Der Nachbar meldete sich umgehend und bedrängte Spark aufgeregt, mit seinem Vater zu sprechen. »Er hat auf Edwards gearbeitet«, berichtete der Nachbar. »Damals wurden auf einer riesigen Rutsche Beschleunigungstests durchgeführt. Übrigens kannte mein Vater auch Murphy. Genau: den, nach dem Murphys Gesetz benannt ist.«

Spark glaubte ihm kein Wort. »Ich habe es ihm nicht gesagt, aber genauso gut hätte er behaupten können, er hätte den Osterhasen getroffen. Schon der Name ›Murphy‹ hörte sich für mich eher nach einer irischen Sage aus dem 17. Jahrhundert an. Und der Vater meines Nachbarn wollte diesen Murphy kennen? Klar, sagte ich mir, ganz bestimmt.«

Der Nachbar hatte trotz Sparks höflicher Floskeln bemerkt, dass man ihm nicht glaubte. Darum legte er dem Journalisten am nächsten Tag eine der Buchausgaben mit Murphys Gesetz und anderen lustigen Regeln vor die Tür. Im Vorwort berichtete nun tatsächlich ein Ingenieur aus Edwards, dass die Schiefgeh-Regel dort in den 1940er-Jahren entstanden sei. »Murphys Gesetz wurde geboren«, schrieb Ingenieur George Nichols, »als Captain Ed Murphy einige Tage als Entwicklungsingenieur in unserer Einheit arbeitete. Es ging dabei um ein neues Gerät, das wir zur Kraft-messung benötigten. Der Techniker hatte die Kabel aber so verdrahtet, dass die Messwerte zwar im ersten Schritt richtig aufgezeichnet wurden. Im zweiten Schritt meldeten sie wegen einer Vertauschung der Anschlüsse aber wieder genau Null. Von außen war das nicht zu erkennen. Ed Murphy, der das Gerät mitgebracht hatte, meinte über seinen Techniker: ›Wenn man es irgendwie falsch machen kann, dann macht er es falsch.‹ Ich habe diese Regel aufgegriffen und verallgemeinert. Irgendwann hatte sie sich dann in unserer ganzen Arbeitsgruppe verbreitet.«

Die Arbeitsgruppe bestand aus interessanten Menschen. Beispielsweise tauchte der Mann, an dem der Geschwindigkeitssender angebracht war, jahrzehntelang in Physikbüchern auf, weil eine Kamera sein Gesicht fotografierte, als er seine mörderischen Aktionen unternahm. An seinem Schlitten war eine Rakete angebracht, und so angetrieben jagte er auf einer 800 Meter langen Bahn durch die Wüste, an deren Ende über eine Länge von 15 Metern hydraulische Bremsen angebracht waren. »Sahen aus wie Dinosaurierzähne«, erinnert sich einer der Ingenieure grinsend.

Mit diesem Projekt MX981 wollten die Ingenieure zeigen, dass Menschen auch ein Vielfaches der bislang angenommenen Schwerkräfte aushalten können. Solche extremen Kräfte treten vor allem bei militärischen Flugzeugabstürzen auf, wenn der Pilot nicht mehr segeln kann und die Maschine wirklich wie ein Stein zu Boden geht. Die Kräfte bei diesen Aufschlägen wurden mittels plötzlichen Abbremsens des Raketenschlittens nachgestellt.

Die VP* namens John Paul Stapp verformte sich dabei

so eindrucksvoll, dass man die Bilder von ihm als Beispiel für Beschleunigung und Schwerkraft immer wieder abdruckte.

Dass man Stapp überhaupt auf das mörderische Raketengefährt ließ, lag daran, dass er vor allem Arzt und Forscher, zugleich aber auch Hauptmann war. Andernfalls hätte man ihm wohl nicht erlaubt, sich mit weit über 18-facher Erdanziehungskraft (g) abbremsen zu lassen. »Bis in den Zweiten Weltkrieg hinein glaubte jeder, dass 18 g die höchstmögliche Kraft sei, die ein Pilot aushalten könnte«, berichtete der Vater von Sparks Nachbarn. »Die Abstürze im Krieg ließen uns aber vermuten, dass das nicht stimmte. Da die Flugzeuge nur auf die Einwirkung von höchstens 18 g ausgelegt waren, entpuppten sie sich als Falle für die Crew. Denn wenn diese beim Absturz höhere Kräfte aushielt als die Maschine, starben Menschen, die in stabileren Maschinen womöglich überlebt hätten.«

Und nun kommt der echte Murphy ins Spiel. »Wir hatten unter den Schlitten normale Eisenbahnschienen auf den Boden betoniert. Mit der so entstandenen Bahn waren ursprünglich die deutschen V1-Raketen getestet worden. Der ebenfalls von einer Rakete angetriebene Schlitten raste mit etwa 320 Sachen in die Bremsen.« Dann wurde gemessen, wie es dem Testpiloten ergangen war und wie viele g beim Abbremsen auf ihn gewirkt hatten.

»Stapp führte die Tests immer selbst durch«, ergänzt George Nichols. »Er hätte niemals damit leben können, dass ein anderer durch Versuche, die er selbst gegen viele Widerstände der Oberen durchgeboxt hatte, verletzt wird oder stirbt. Also saß grundsätzlich er oder notfalls ein Schimpanse auf dem Schlitten. Dabei waren blaue Flecken und gebrochene Rippen noch das kleinste Übel.

Beim 29. und letzten Test kam ein neuer Schlitten zum Einsatz, den wir Sonic Wind tauften. Nicht zu Unrecht, denn mit 1017 km/h war er schneller als manche Pistolenkugel. Beim Abstoppen, das weniger als eine Sekunde dauerte, erreichten wir Kräfte von 46,2 g.«

Niemand war jemals absichtlich so stark beschleunigt, bewegt und dann abgestoppt worden. Stapp traf mit einer Kraft auf die Saurierbremsen, wie sie auf einen Autofahrer einwirkt, der mit 193 km/h gegen eine Wand donnert. Allerdings war Stapp dieser Einwirkung nicht nur Bruchteile einer Sekunde, sondern 1,1 Sekunden lang ausgesetzt.

Zwar überlebte er den letzten Höllenritt, aber seine Augen waren danach völlig mit Blut gefüllt. »Das werde ich niemals vergessen«, erinnert sich Nichols, »es war absolut grauenhaft.« Zum Glück waren nur die Kapillaren geplatzt. Stapps Netzhaut hatte sich nicht abgelöst, sodass er einige Tage später wieder sehen konnte. Allerdings stand von diesem Tag an bis zu seinem Tod ein Phantombild vor seinen Augen.

Stapp war nicht nur ein mutiger Forscher und seinen Chefs eine Plage. Er hatte auch eine besondere Art von Humor (vgl. *Humor ist nicht erblich*). Dazu gehörten die im deutschsprachigen Raum gut bekannten »Gesetze« wie beispielsweise: »Nehme ich einen Regenschirm mit, scheint garantiert den ganzen Tag die Sonne.«

»Diese humorvoll gemeinten Regeln gab es damals noch nicht«, erklärt Nichols. »Die einzigen Regeln, die wir kannten, waren Naturgesetze. Stapp brachte uns durch seine erfundenen Gesetzmäßigkeiten dazu, selbst welche zu erfinden. Schon bevor Ed Murphy zu uns kam, hatte ich daher meine eigene kleine Regel: ›Wenn eine Handlung Folgen hat, die nicht wünschenswert sind, dann vergiss das Ganze einfach.‹ Das war der direkte Vorläufer zu Murphys Gesetz. Denn es lautete ursprünglich nicht: ›Wenn etwas schief gehen kann, wird es schief gehen!‹, sondern: ›Alles, was passieren kann, passiert auch!‹ Das sollte eigentlich nur bedeuten, dass wir uns bemühen mussten, alles zu tun, um zu verhindern, dass etwas schief geht.«

Als Ed Murphy dann eines Tagen sein falsch verkabeltes g-Messgerät anbrachte, machte er die berühmte Bemerkung, dass sein Assistent gepatzt habe und eben immer alles, was man falsch machen könne, falsch mache. »Je länger ich darüber nachdachte«, erzählt Nichols, »desto weniger glaubte ich Murphy das. Mir schien eher, dass er selber den entscheidenden Fehler gemacht hatte: Weder hatte er das Gerät getestet, noch hatte er es uns testen lassen. Nach einigen Tagen fing die Sache an, sich in unseren Köpfen zu einem neuen ›Gesetz‹ zu formen. Murphys eigentlicher Ausspruch war aber zu lang und zu speziell. Also einigten wir uns auf folgendes Murphy-Gesetz: ›Wenn etwas passieren kann, dann wird es passieren.‹«

So hatte das Team also Rache am schludrigen Murphy genommen. Besonders Schlittentester Stapp griff die neue Regel freudig auf und zitierte sie fortan zusammen mit seinen übrigen, ebenfalls selbst erdachten »Gesetzen« bei jeder Gelegenheit. Da Stapp nicht nur bekannt, sondern auch beliebt war, verbreitete sich Murphys Gesetz in den 1950er-Jahren, bis es schließlich westliches Allgemeingut wurde.

Und damit könnte eine schöne Geschichte enden. Leider hat sie aber einen bitteren Nachspann. Nachdem das Büchlein erschienen war, zu dem George Nichols das Vorwort geschrieben hatte, versuchte er, Ed Murphy aufzutreiben. Der arbeitete mittlerweile aber nicht mehr beim Militär, sondern als Sicherheitsingenieur in der freien Wirtschaft. »Murphy interessierte sich nicht sonderlich für die Sache«, erklärt Nichols. »Das fand ich seltsam, bis mir ein Licht aufging. Ed Murphy hatte keine Ahnung, dass Murphys Gesetz nach ihm benannt war!«

Doch eines Tages klingelte bei Nichols das Telefon. »Murphy war dran«, berichtet er schaudernd. »Er hatte das Buch doch noch erhalten und flippte nun vollkommen aus. Allerdings nicht, weil er als Ingenieur schlecht dastand, sondern weil er der alleinige Urheber der Regel sein wollte. Wir sollten sogar einen Brief unterschreiben, in dem wir das öffentlich bekennen würden. Er behauptete, wir hätten uns an ihm bereichert und so weiter. Zuletzt ging ich gar nicht mehr ans Telefon. Das Theater hörte jahrelang nicht auf – bis Ed Murphy am 17. Juli 1990 starb.«

»Es ist schon verrückt«, sagt Nick Spark. »Murphys Gesetz hat alle überlebt. John Paul Stapp war in den 1950er-Jahren beispielsweise so berühmt, dass er es sogar auf das Cover des *Time Magazin* schaffte. Doch heute erinnert man sich nur noch an Murphys Gesetz.«

Noch verrückter ist allerdings, dass Murphys Gesetz ursprünglich genau das Gegenteil der heutigen Bedeutung hatte. Denn eigentlich sollte es eine Mahnung für Ingenieure und Techniker sein, stets aufzupassen: »Überlege, welche anderen Ereignisse anstelle des vorgesehenen auftreten können. Beuge diesen möglichen Fehlern so gründlich vor, dass sie nicht geschehen können.«

Heute versteht man die Regel so, dass man sowieso nix machen kann und das Röstbrot eben immer auf die lecker beschmierte Seite fallen wird.

IG-GESAMTNOTE: Ein nur an Geschichte interessierter Mitarbeiter eines Fliegerheftes ermittelte nebenbei den Ursprung von Murphys Gesetz. Das reichte locker zum Ig-Nobelpreis für Ingenieurwissenschaften des Jahres 2003. Allerdings ging der Preis nicht an den Journalisten, sondern an Ed Murphy. Und auch, wenn es ihm nicht gepasst hätte: Er musste den Preis posthum mit Raketenschlitten-Arzt John Paul Stapp und George Nichols teilen, die Murphys Gesetz ab 1949 von Edwards aus in der ganzen Welt verbreitet hatten. Es kann ja nicht immer alles klappen.

Nick Spark (2003), »The Fastest Man on Earth«. In: *Annals of Improbable Research*, Nr. 9 (5).

WER DUMM IST, FINDET SICH PRIMA

Ein Klassiker unter den ignoblen Papers[*] stammt von zwei Psychologen der Cornell-Universität. »Menschen neigen dazu, ihre eigenen zwischenmenschlichen und geistigen Fähigkeiten zu überschätzen«, schreiben Justin Kruger und David Dunning. »Wenig begabte Menschen sind dabei doppelt benachteiligt. Sie treffen nicht nur unglückliche Entscheidungen und ziehen falsche Schlüsse, sondern erkennen diese Fehler hinterher auch nicht.«

Dazu ein Beispiel aus meiner Arbeit. Eine Kölner Familie tötete ihren wenig geliebten Onkel und zerstückelte ihn. Hände und Kopf äscherten sie ein, die Kleidung und restlichen Körperteile wurden im Gebüsch verteilt. Leider hatten die Täter vergessen, die Kontoauszüge aus der ebenfalls zerstückelten Hose zu ziehen (siehe: Mark Benecke, *Mordmethoden*, Bergisch Gladbach 2002). Der Ermittlungsaufwand schrumpfte dadurch auf Pistaziengröße. Man brauchte nur den Namen des Kontoinhabers ablesen und dann bei seinen Verwandten nach Blutspuren suchen.

Auch die beiden Psychologen kennen ein passendes, wenngleich weniger ekliges Verbrechen. McArthur Wheeler überfiel im Jahr 1995 am hellen Tag zwei Banken in Pittsburgh, trug aber weder Maske noch Damenstrumpf im Gesicht. Um elf Uhr wurde sein von den Überwachungskameras der Banken geschossenes Foto in den Nachrichten gebracht, um kurz vor zwölf war er verhaftet. Selbst die Polizei war fassungslos, als Wheeler erklärte, warum es ihm unbegreiflich war, dass man ihn gefunden hatte. Er war unbeirrbar davon überzeugt, dass Zitronensaft, den er sich ins Gesicht gerieben hatte, das Fotografieren verunmöglichen würde. Derzeit sitzt er seine 24-jährige Haftstrafe ab.

»Um festzustellen, ob man ein Ziel erreicht hat«, erklären die Psychologen, »muss man verstehen, welche Regeln und Entscheidungswege die richtigen sind. Das gilt nicht nur für Banküberfalle, sondern auch für Kindererziehung, vernünftiges Reden oder dafür, eine ordentliche psychologische Untersuchung durchzuführen.«

Also machten sich die Kollegen ans Werk – so gut sie es eben konnten. Ihr Test prüfte den Humor, das Englisch und das logische Denken (vgl. *Humor ist nicht erblich*) von 140 Probanden. Zudem mussten sie ihre eigenen Leistungen und die ihrer Mitstreiter einschätzen. Es handelte sich bei den VP[*] ausschließlich um Studierende.

Für den Humorteil bedurfte es der Hilfe von Profis. Also wurden acht Komödianten gebeten, Witze auszusuchen, die verschieden lustig sein mussten. Die Witzbewertung der Komödianten wurde als gegeben hingenommen (O-Ton: »Sie müssen damit ja Ihr Geld verdienen«). Ein Jurymitglied musste allerdings nachträglich ausgeschlossen werden, weil dessen Humor sich statistisch zu sehr von dem der anderen sieben Juroren unterschied ($r = -0{,}9$ / Korrelations-Koeffizient[*]). Der Humor der restlichen sieben Scherzkekse stimmte mit $r = 0{,}76$ genügend überein.

Zwei Beispiele für die ausgewählten Witze folgen. Europäer würden sie vermutlich genau andersherum bewerten. Das liegt an den erheblichen kulturellen Unterschieden zu den USA. Die Testpersonen stammten aber nun einmal aus den Vereinigten Staaten (vgl. *Worüber Menschen in China lachen*).

Schlechter Witz (Note 1,3 von 10):
Was ist so groß wie ein Mann, wiegt aber nichts? –
Sein Schatten!

Ausgezeichneter Witz (Note 9,6 von 10):
Ich finde es niedlich, wenn man einem Kind erzählt, dass Regen kein Wasser ist, sondern die Tränen Gottes. Wenn das Kind dann fragt, warum Gott weint, dann sage ich ihm: »Bestimmt wegen irgendetwas, das du angestellt hast.«

Die Teilnehmer bewerteten nun je 30 Witze. Danach mussten sie auf einer Skala von null bis hundert eintragen, wie gut sie einschätzen können, was lustig ist und was nicht.

Es ergab sich, dass männliche wie weibliche Studierende ungefähr dieselbe Meinung zu den Witzen hatten und dass sie sich selbst durchschnittlich 66 von 100 Punkten für »Witzigkeitserkennung« gaben. Nun brauchte man nur noch vergleichen, wie das mit der Witzwertung des Expertenrates zusammenpasste. Obwohl die Studierenden zwar in gleichbleibendem Verhältnis zwischen Selbsteinschätzung und tatsächlicher Witzigkeit standen ($p < 0{,}0001$), überschätzten sie sich aber doch um durchschnittlich 16 von 100 Punkten. Mit anderen Worten: Sie hielten sich für lustiger, als sie nach Meinung der Komödianten waren.

Herausgepickt wurden nun diejenigen 16 Probanden, die im Witztest besonders schlecht abgeschnitten hatten. Bei ihnen trieb die Selbstüberschätzung besonders große Blüten. Obwohl die unlustigsten Studenten nur zwölf von 100 Humorpunkten erzielt hatten, sprachen sie sich 58 Punkte zu. Ein erschreckendes Ergebnis: »Die inkompetenten Teilnehmer waren so schlecht, dass sie ihre eigene Humorleistungsfähigkeit gar nicht mehr unterschätzen konnten. Vielleicht überschätzten sie sie deshalb.«

Nun ging es in die nächste Runde. Hier wurde nicht Humor, sondern die sinnvolle Aneinanderreihung von Gedanken getestet. Dazu gab's 20 Fragen, die normalerweise bei einem Universitätstest für das Jurastudium zur Anwendung kommen: Juristen müssen sehr stark auf gedanklich richtige Verkettungen und genaue Wortbedeutungen achten.

Erneut meinten die Probanden, sie hätten etwa 66 Punkte erzielt, und erneut überschätzten sie sich damit um 16 Punkte. Besonders stark daneben lagen wieder die Schlechtesten vom vorherigen Test. Sie hatten im Durchschnitt wieder nur zwölf Punkte erreicht, meinten aber, im Bereich zwischen 62 und 68 Punkten liegen zu müssen.

Zuletzt ging es in die Grammatikprüfung. Die Probanden lagen diesmal in ihrer Selbsteinschätzung sogar 30 Punkte über ihrer wahren Leistung. Die besonders schlechten Kandidaten trauten sich sogar 40 Punkte mehr zu, als sie tatsächlich erreicht hatten.

Nun ist es ja erträglich, dass manche Menschen weniger können als andere und sich trotzdem für klüger halten, als sie sind. Wie denken die weniger begabten Menschen aber über ihre klügere Umgebung? Um das herauszufinden, baten die Versuchsleiter die besten und schlechtesten Probanden einige Wochen nach dem Test noch einmal zu sich. Sie sollten jetzt zuerst die Leistungen der anderen bewerten und danach noch einmal sich selbst. Dazu händigten die Psychologen Kruger und Dunning ihnen die Antworten der jeweils anderen Gruppe aus.

Das Ergebnis war erschütternd. Den schlechten Probanden gelang es kaum, die Leistungen der anderen VP richtig einzuschätzen. Noch dazu gaben sie danach eine noch stärker übertriebene Selbstbewertung ab als vorher.

Umgekehrt verhielten sich die besten Probanden. Sie besahen sich die Bögen der anderen Gruppe und senkten daraufhin ihre Selbsteinschätzung. Das ist umso bemerkenswerter, als ihnen nicht die Bögen von besseren, sondern von schlechteren Teilnehmern vorlagen. Die schlaueren VP konnten also auch angesichts falscher Lösungen ihr eigenes Abschneiden richtiger einschätzen und nach unten hin korrigieren.

Was den weniger schlauen VP fehlte, war also nicht nur reines Wissen, sondern auch die Fähigkeit, sich mit anderen zu vergleichen. Selbst wenn man ihnen die deutlich besseren Testbögen mit den richtigen Lösungen zeigte, erkannten sie ihr schlechtes Abschneiden nicht. Im Gegenteil, sie meinten nun sogar, noch besser abgeschnitten zu haben.

»Das erinnert an Menschen, deren rechte Gehirnhälfte ausfällt. Wenn man eine Tasse vor sie stellt, können sie diese mit der linken, gelähmten Hand nicht hochheben. Fragt man sie, warum sie die Tasse nicht anheben können, dann sagen sie, dass sie müde sind, dass sie die Aufforderung nicht gehört hätten oder dass sie jetzt keine Lust dazu haben«, berichten die Versuchsleiter. »Sie geben aber niemals zu, dass sie die Tasse nicht hochheben können, weil sie links halbseitig gelähmt sind. Der Ausfall der rechten Gehirnhälfte bewirkt also nicht nur eine körperliche Lähmung, sondern auch eine geistige Unfähigkeit, diese wahrzunehmen.

Warum die weniger begabten Menschen nicht irgendwann merken, dass sie weniger können, ist uns ein Rätsel. Eigentlich müssten sie ihr Unvermögen anhand der Reaktionen ihrer Umwelt begreifen. Aber genau das können sie nicht: ihre Umwelt verstehen.«

IG-GESAMTNOTE: Dachte man in der Schule, der Lateintest sei danebengegangen, wurde er gut bewertet. Glaubte man hingegen, es sei gut gelaufen, so war's nur eine schimmelige Drei minus (vgl. *Murphys Gesetz*). Was genau das jetzt bedeutet, weiß ich nicht. Ich meine aber nach wie vor, dass das Paper von Kruger und Dunning nicht nur Ig-Standardlektüre bleiben sollte, sondern auch den Ig-Nobelpreis für irgendeine Disziplin verdient hat. Ich drängele einfach weiter, auch wenn alle sagen, dass ich Unrecht habe.

Justin Kruger | David Dunning (1999), »Unskilled and unaware of it. How difficulties in recognizing one's own incompetence lead to inflated self-assessments«. In: *Journal of Personality and Social Psychology*, Nr. 77, S. 1121–1134.

WORÜBER MENSCHEN IN CHINA LACHEN

Obwohl sämtliche Witzarten durch drei humoristische Hauptgruppen beschrieben werden können (vgl. *Humor ist nicht erblich*), finden sich im Einzelnen doch starke Unterschiede. Sehr deutlich wurde das bei der für Europäer unverständlichen Witzbewertung im vorigen Abschnitt (vgl. *Wer dumm ist, findet sich prima*). Wir sitzen eben oft dem Irrtum auf, dass Menschen, die uns äußerlich ähnlich sehen, auch denselben Geschmack haben müssten.

Das größte Problem dabei, Witze aus anderen Ländern zu verstehen, sind die oft darin zum Ausdruck kommenden sozialen Probleme. Kann man sie nicht lösen, macht man sich eben darüber lustig. In Deutschland kann beispielsweise kaum noch jemand über Ehewitze lachen, die in den 1950er- und 1960er-Jahren ein Renner waren. Und in den 1980er-Jahren waren in der DDR Witze wie dieser beliebt: »Honeckers Lieblingssportart?« – »Bob fahren!« – »Wieso?« – »Links 'ne Mauer. Rechts 'ne Mauer. Und immer bergab!« Junge Leute schütteln über den ihrer Meinung nach doofen Witz höchstens den Kopf.

Viele Witze, egal ob konativ, affektiv oder kognitiv, sind ohne kulturelle Zusatzkenntnisse entweder nicht lustig oder überhaupt nicht zu begreifen.

Zwei weitere Beispiele sollen das demonstrieren. Entscheiden Sie selbst, ob Sie die betreffenden Witze lustig finden oder nicht:

Witz A:

Er: »Warum habe ich deine Mutter hier in den letzten Tagen nicht gesehen?«

Sie: »Ich habe sie rausgeworfen.«

Er: »Rausgeworfen? Hast du nicht gesagt, sie will noch ein paar Tage bleiben?«

Sie: »Ja, aber wir haben gerade erst eine Waschmaschine gekauft.«

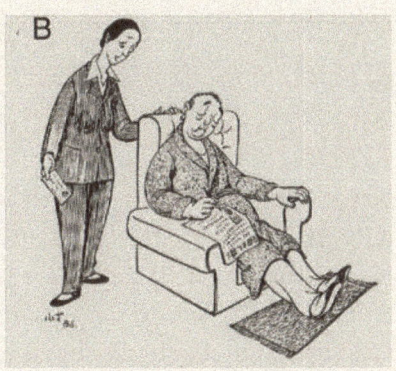

Witz B:

Die Mutter gibt dem Vater einen Brief ihres Sohnes. Er schaut ihn kurz an und schreibt darauf »GENEHMIGT«. Die Frau lacht: »Bist du verrückt?«
Der Mann schlägt sich vor die Stirn und sagt: »Oh, ich bin ja zu Hause.«

Aus: Ding Cong (1997), Witz und Humor im Modernen China. Peking: New World.

Viele Witze sind nur im kulturellen Zusammenhang zu verstehen. Hier zwei Beispiele aus China.

BLUTEGEL UND SAURE SAHNE

Blutegel kamen nach dem Zweiten Weltkrieg aus der medizinischen Mode, weil man Angst vor übertragbaren Krankheiten und beißenden Tieren hatte. Außerdem stiegen in den 1990er-Jahren die Bezugspreise in der Apotheke stark an. Da die Egel ursprünglich aus Seen entnommen wurden, war der Nachschub fast zusammengebrochen. Seit etwa zehn Jahren jedoch gibt es immer mehr Blutegelfarmen. Heilkundige wie Biologiestudenten können sich nun endlich wieder an den interessanten Hirudineen erfreuen, die übrigens zur selben Tiergruppe wie Regenwürmer gehören.

Wer schon einmal Blutegel gezüchtet hat, weiß, dass die Fütterung ein großes Problem darstellt. Zwar fressen die erwachsenen Tiere nur selten – eine Blutmahlzeit im halben Jahr genügt völlig. Aus unerklärlichen Gründen sterben aber hin und wieder ganze Zuchten, oder die Tiere zicken und weigern sich, das frische oder aufgetaute Blut zu schlürfen.

Oft wird dann versucht, die Egelchen mit Schweißstraßen zum Blut zu locken. Das finden Heilpraktiker und Chirurgen aber wenig hygienisch, und so nahmen sich ärztliche Kollegen der Universität Bergen in Norwegen der Sache einmal in Ruhe an.

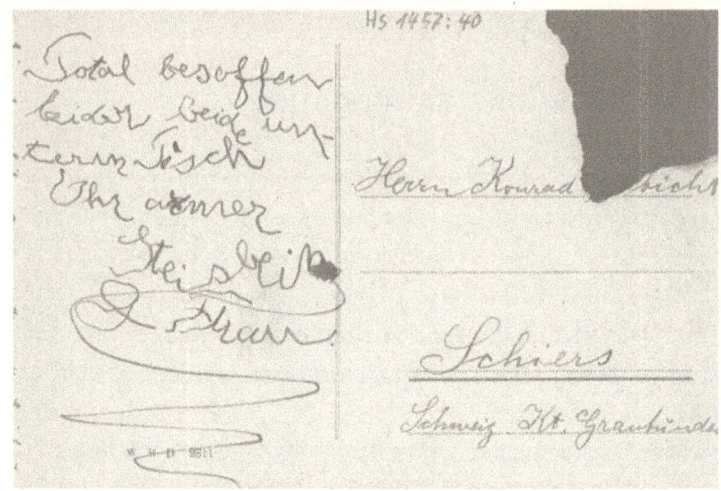

Nicht nur Blutegel, sondern auch Albert Einstein kommen durch Alkohol auf ulkige Gedanken. *(Mit freundlicher Genehmigung und unter Copyright © des Einstein-Archivs, Jewish National & University Library, Jerusalem, Israel). Herzlichen Dank auch an Thomas Fraps (MetaMagicum) und das Technorama Science Center (Winterthur, Schweiz) für ihre Hilfe mit dieser Abbildung.*

Sie fanden heraus, dass das Zuchtproblem schon lange bekannt ist. In der örtlichen Unibibliothek behandelte ein Artikel von 1823 beispielsweise »Middel til at tvinge Igler til at suge Blod«, also Mittel, um Egel zum Blutsaugen zu bringen. Es wurde angeregt, die Tiere vor dem Aufsetzen auf die Haut in Starkbier zu tauchen. In den 1920er-Jahren wurde zu saurer Sahne geraten, die man auf die Haut auftragen sollte. Und der auch an alternativen Heilmethoden interessierte Professor für Allgemeinmedizin Anders Baerheim wusste vom Hörensagen, dass auch Knoblauch die Beißlust steigern soll.

Daher wurden je sechs Egel entweder in braunes Guinness, Hansa-Bock aus Bergen oder Wasser getaucht. Dann wurde die Zeit gemessen, bis die Tiere anbissen. Insgesamt kam jeder Egel dreimal in jede Flüssigkeit und damit je neunmal an die Reihe.

Tatsächlich zeigte die Behandlung Wirkung – allerdings eine unerwünschte. Die nicht getunkten Egel bissen am schnellsten an, nämlich nach durchschnittlich 92 Sekunden. Die Bier-Egel waren deutlich langsamer und bissen erst nach 187 Sekunden (Guinness) beziehungsweise 136 Sekunden (Hansa) an. Das Bier hatte zudem uns aus dem Alltag vertraute Auswirkungen: Die Egel drehten ihre Vorderenden in bizarre Richtungen, rutschen von der Unterlage und fielen auf den Rücken.

Nach diesen ernüchternden Versuchen durften weitere sechs Egel ungetunkt auf den Arm. Dort trafen sie nun aber wahlweise auf Knoblauch, Crème fraîche oder blanke Haut. Zwei der sechs Versuchsegel machten schon zur Halbzeit schlapp, da sie den Knoblauch nicht ertrugen. Sie starben trotz Frischwasserzufuhr zweieinhalb Stunden nach dem kathartischen Kontakt. Den anderen vier Egeln wurde der Knoblauch erspart.

Am ungewöhnlichsten war die egelitäre Reaktion auf saure Sahne. Die Tiere benötigten zwar, wie beim blanken Arm, nur etwa eine halbe Minute, bis sie bissen. Allerdings saugten sie nach dem Versuch »wie verrückt« (O-Ton der Autoren) an der Glaswand der Aquariums.

»Der Tipp mit der sauren Sahne beruht also wohl eher auf Einbildung«, meint Forschungsleiter Baerheim. »Interessanter war, dass Blutegel an Knoblauch sterben und diesen durch die Haut aufgenommen haben müssen. Das war bislang unbekannt. Andererseits fühlen sich die Egel aber zu Knoblauch hingezogen, wenn man sie nur lässt. Woher diese tödliche Liebe zum Knoblauch kommt, müsste noch ausgelotet werden.«

IG-GESAMTNOTE: Glasklarer Ig-Nobelpreis für Biologie des Jahres 1996. Die Autoren waren unabkömmlich, sandten aber den in Washington stationierten Botschafter Norwegens zur Preisverleihung. Der tat so lange unschuldig, bis die Bühne frei war. Dann zog er eine Handvoll Blutegel aus der Tasche und warf sie ins schreiende Publikum.

Anonymus (1823), »Means to force leeches to suck blood«. In: *Eyr*, Nr. 3, S. 57f. [Original: Norwegisch].

Anders Baerheim | Hogne Sandvik (1994), »Effect of ale, garlic, and soured cream on the appetite of leeches«. In: *British Medical Journal*, Nr. 309, S. 1689.

Mark Benecke (1995), »Hirudo medicinalis Linne 1758: Zucht und Biologie des Medizinischen Blutegels«. In: *Die Aquarien- und Terrarienzeitschrift (DATZ)*, Bd. 48, S. 168–171.

INDIVIDUALITÄT BEI GOLDFISCHEN

Hätten Physikstudenten diesen arbeitsaufwändigen Versuch aus Übermut angezettelt, dann wäre er weniger verwunderlich. Tatsächlich aber haben sich zusammengetan: Die KollegInnen Neumeister und Faber, Neurowissenschaftler am Albert-Einstein-College für Medizin in New York, Cellucci, Physiker am Ursinus College in Collegeville, Pennsylvania, Rapp, Abteilung für Pharmakologie der Dexel University in Philadelphia, und Korn, Institute Pasteur in Paris.

Die Forscher setzten fünf weibliche Goldfische (Carassinus auratus L.) in ein 75-Liter-Aquarium und verhätschelten sie dort erst einmal in einem »Instant Ocean«. Der entsteht, wenn man Bügelwasser mit Aquariumsalzen, pH-Stabilisatoren und einer kupferhaltigen antiparasitären Medizin verrührt. Alle zwei Tage gab es was zu futtern, und das Licht schaltete sich automatisch alle zwölf Stunden an und aus.

Zum Experiment mussten die Fischchen ihr Heim für jeweils eine Dreiviertelstunde verlassen. Ein schwarzes Klebeband mit zwei weißen Punkten (mit Nagellack aufgemalt) wurde ventral* an die Versuchsfische angebracht, damit die Kamera deren Bewegungen besser aufnehmen konnte. Dann kamen sie in ein zehn Zentimeter hoch befülltes Rundgefäß von einem halben Meter Durchmesser. Eine Kamera zeichnete dort die Schwimmbahnen der fleißigen Fische auf. Jeweils fünf Minuten langes Schwimmen galt als eine zusammenhängende Bahn. Nachdem 75 dieser mehr oder weniger kreisförmigen Bewegungslinien auf dem Band und im Computer gespeichert waren, ging es an die Auswertung.

Erste Berechnungen ergaben, dass die Tiere anfangs vor allem am Rand im Kreis schwimmen. Dieser Effekt wurde 1975 erstmals bei Guppies beschrieben und heißt wissenschaftlich »wall hugging effect« (Wand-Kuscheln). Hierbei kommt es vor, dass die Fische nicht nur vorwärts, sondern auch rückwärts schwimmen. Manchmal rührten sich die Tiere auch gar nicht.

Je länger die Goldfische im Versuchszylinder waren, umso mehr trauten sie sich auch einmal in die Mitte des Gefäßes. Dabei schwammen sie mit deutlich unterschiedlicher Geschwindigkeit: Statt 62,6 nur noch 58,8 Millimeter pro Sekunde ($p^* < 0{,}002$).

Verglich man nun die Schwimmbahnen der Fische, so zeigte sich Verblüffendes: »Die aus den aufgezeichneten Bewegungen errechnete Wahrscheinlichkeit, dass Bahn 1 und Bahn 2 vom selben Fisch stammen könnten«, erklären die Autoren, »beträgt $0{,}19 \times \text{lo}^{-5}$.« Anders gesagt: Die Bahn, die Fisch 1 beschrieb, kommt nur einmal unter einer halben Million Goldfisch-Bahnen vor. »Fisch 1 und Fisch 2 haben sehr unterschiedliche dynamische Profile«, wie die Autoren feststellen. Der schlechteste Fall trat beim Schwimmen von Fisch 3 und 4 auf. Hier war die Verwechslungswahrscheinlichkeit auf eins zu hundert gesunken. Ein Forscher, dem 100 fünfminütige Goldfischbahnen vorliegen, könnte also

Kein Goldfisch schwimmt wie der andere. Hier ein gefälschtes Exemplar vom Kleidermarkt in Sanlintun (Peking).

mit etwas Pech zwei der Fische jeweils der falschen Bahn zuordnen.

Benutzt man aber, wie in diesem Fall, insgesamt fünf nicht lineare[*] Auswertungsmetshoden (Charakteristische Fraktaldimension [CFD], Richardson-Dimension [D_R], Lempel-Ziv-Komplexität [LZC], Hurst-Exponent [HE] und relative Dispersion [R. Disp.]), dann gelingt es immer, die Fische beziehungsweise deren Bahnen zu unterscheiden. Die Richardson-Dimension und der Hurst-Exponent erwiesen sich dabei am aussagekräftigsten.

»Nicht lineare Berechnungen erlauben es«, erklären die Forscher, »in der scheinbar zufälligen Bewegungsabfolge der Tiere versteckte, nicht zufällige Muster zu erkennen. Das gelang bereits beim Sozialverhalten von Schimpansen und den Fressaktivitäten von Ziegen. Verhaltensänderungen von Fischen kann man beispielsweise in der Giftkunde einsetzen. Es konnte etwa gezeigt werden, dass sich Tiere in nicht tödlichen Mengen eines Giftes anders bewegen als zuvor.

Die Bewegung einzelner Fische ist in unseren Versuchen jedenfalls sehr unterschiedlich. Wie gesagt, Verhaltensforscher und Psychologen haben solche Unterschiede auch schon bei anderen Tierarten beobachtet. Dabei ging es aber meistens um höhere Verhaltensstufen. Die von uns nachgewiesene Individualität beim Schwimmen trägt zum Überleben der Fische und damit der ganzen Art bei. Durch die unterschiedlichen Bewegungen kann die Güte der Nahrungssuche eines Schwarms steigen, und besser angepasste Tiere können in der Gruppe einen höheren Platz einnehmen.«

IG-GESAMTNOTE: Mein Feuer für dieses Paper kann nicht einmal durch »Instant Ocean« gelöscht werden. Ich drücke Heike Neumeister & Team die Daumen für den Ig-Nobelpreis. Auf dass die Welt begreift, dass Biologie wirklich niemals langweilig wird.

Heike Neumeister | Christopher Cellucci | Paul Rapp | Henri Korn | Donald Faber (2004), »Dynamical analysis reveals individuality of locomotion in goldfish«. In: *Journal of Experimental Biology*, Nr. 207, S. 697–708.

SEX MIT TÄTOWIERTEN CHRISTEN

Als den Kollegen Jerome »Jerry« Koch, Alden »Al« Roberts, Myrna Armstrong und Donna Owen zu Ohren kam, dass tätowierte Menschen mehr Sex hätten, ergriffen die vier Sozialforscher:innen aus Texas die Gelegenheit und befragten – anstatt lange zu grübeln – $n^* = 480$ ihrer Studierenden.

Diese Umfrage erforderte Mut, denn Tätowierte sollten laut bisheriger wissenschaftlicher Befunde unerschrockene Wüstlinge sein: 1999 hatte sich gezeigt, dass Geinkte mehr saufen und Drogen zu sich nehmen als andere *(Clinical Nursing Research)*; im Jahr 2000 bestätigte sich dann, dass sie öfters im Knast landen und mehr Sex haben *(Psychological Reports)*, und 2002 wurde schließlich ermittelt, dass Tattoos zu ungeschütztem Geschlechtsverkehr mit Fremden (sic!) führen *(College Student Journal)*.

Zunächst schmunzelte ich angesichts der schönen Vermengung von Ursache, Wirkung und Befragungsmodus. Denn was kommt eigentlich zuerst? Das Tattoo oder das wüste Leben und mit ihm erst die Unterhautfarbe? Und was, wenn beides – Party und Tattoo – mehr oder weniger gleichzeitig stattfindet? Und vor allem: Warum sind so viele Menschen mit besser versteckten Leidenschaften, beispielsweise Bordellbesucher, nicht tätowiert?

Sommerkurs: Besprechung des Storchproblems* im kleinen Kreis.

Für meine Kollegen wurde es noch komplizierter. Sie stießen bei ihren Umfragevorbereitungen nämlich auf eine »Literaturauswertung« aus dem Jahr 2004, in der stand, dass

- Tätowiertsein Mainstream und
- Sex unter Studienanfängern häufig ist.

Zudem zeigte sich 2005, dass Jugendliche, die gerade umgezogen waren, ebenfalls früher Sex hatten als ihre durch die Eltern gezwungenermaßen ortstreuen Altersgenossen. Doch was hat das mit Tätowierungen zu tun?

Daher war ein vertiefter Blick auf unentdeckte Querbezüge angezeigt, um die Verhaltensauffälligkeiten der verwilderten jungen Studenten schärfer herauszupräparieren. Ergebnis: 96 Prozent der tätowierten Jungs und 95 Prozent der Mädels waren »derzeit sexuell aktiv«, während dies für nur 72 Prozent (Jungs) bzw. 68 Prozent (Mädels) der Untätowierten galt.

Zudem hatten die tätowierten Studierenden bis zu 18 Monate früher erstmals Sex gehabt als Lernende ohne Tinte in der Haut.

Trotz dieser signifikanten Datenlage blieben die Ergebnisse empörend. »Über zwei Drittel der Befragten«, schrieben die Forscher, »gaben an, dass sie täglich beten und jede Woche in die Kirche gehen. Wir waren daher recht erstaunt, dass dennoch so viele von ihnen Sex hatten.

Besonders würde uns interessieren, ob sich Menschen tätowieren lassen, um Sexpartner auf sich aufmerksam zu machen.

Möglicherweise geht es bei Sex und Tattoos auch um die Aufregung dabei – manche Menschen fahren ja auch gerne mit schnellen Achterbahnen oder springen sogar an heißen Tagen in kaltes Wasser. Hier bedarf es noch weiterer Forschungen.«

IG-GESAMTNOTE: Ig-Nobelpreis für Zuckrigkeit! Bis ich diesen aber im Ig-Ausschuss durchgesetzt habe, wünsche ich den Kollegen und Kolleginnen erst einmal viel Spaß im Schwimmbad und im Ferienpark. Meine tätowierten Studenten, eine tätowierte Professorin und ich winken fröhlich hinterher.

J. R. Koch | A. E. Roberts | M. L. Armstrong | D. C. Owen (2005) »College students, tattoos, and sexual activity«. In: *Psychological Reports*, Nr. 97, S. 887–890.

GEPIERCTE SOZIOLOGEN

Die tätowierten Christen (siehe S. 131) nagen bis heute an den texanischen Kollegen. 2007 ermittelten sie daher, dass Baptisten in den südlichen USA sehr oft *religiöse* Tätowierungen tragen. Sie empfehlen seitdem, den Ball betreffs jugendlicher Farbeinbringungswünsche doch flacher zu halten und öfter mal einfach »Ja« zum Hautbild zu sagen.

Die kleine Forschergruppe ist mittlerweile das wohl einzige universitäre »Body Art Team« der Welt. Als solches nahm es sich zuletzt der Frage an, ob es nicht nur bei tätowierten, sondern auch bei *gepiercten* Studenten Interessantes über deren Sexualverhalten zu erfahren gäbe; genauer gesagt: über vorehelichen Geschlechtsverkehr.

»Uns schien dieses Thema interessant, weil uns aufgefallen war, dass 63 Prozent der Gepiercten sich im Monat vor der Befragung tierisch die Kante gegeben hatten *(binge drinking*/Kampfsaufen), während das nur bei 36 Prozent der Ungepiercten der Fall war.« Auch hier kratzt man sich am Kopf und fragt sich erstens, ab wann ein Piercing wohl ein »Piercing« ist (Ohrringe?), und zweitens, warum weit über ein Drittel selbst der vanilligen texanischen Studienanfänger sich dem Trunk hingibt.

Eigentümlich auch die Anzahl der Sexualpartner: Ein

Viertel der gepiercten Studenten war im Schnitt schon mit über sechs verschiedenen Menschen im Bett, während das bei Ungepiercten für nur ein Sechstel der Befragten galt. Wenn man weiß, dass US-amerikanische Nochnichtgraduierte meist jünger als zwanzig Jahre sind, muss man sich auch hier eher über die Lebenslust der jungen Leute wundern, statt nach möglichen Piercings zu spähen.

»Auch wenn es unter den Studierenden vielleicht üblich ist, mehrere Geschlechtspartner zu haben«, erklären die Forscher, »so ist es doch eine gefährliche Sache. Damit meinen wir vor allem, dass das Ganze vor der Ehe stattfindet – seelische Schäden sind dabei nicht auszuschließen!«

Umso erschreckender dann die Umfrageergebnisse. Ein Drittel der Studierenden war tatsächlich gepierct – es handelte sich dabei aber mit 78 Prozent vorwiegend um Frauen! kein Sodom ohne Gomorrha: Die gepiercten Frauen hatten haargenau 20 Prozent mehr Sex als die ungepiercten (83,3 % vs. 63,3 %). Bei den Männern gab es verblüffenderweise keine Unterschiede zwischen Studenten mit oder ohne Metall oder Plastik in Hautlöchern.

»Das bedeutet dann wohl«, erklären sich die Autoren die seltsamen Ergebnisse zurecht, »dass Piercings stärker auf das Rollenverständnis von Menschen einwirken als Tattoos. Denn bei Tätowierten gibt es keine Unterschiede zwischen Männern, Frauen und deren Sexhäufigkeit, bei Gepiercten aber schon.«

Die vermeintlichen Unterschiede könnten natürlich auch einen ganz anderen Grund haben. Die befragten Studierenden hatten vielleicht einfach keine Lust, schon wieder Informationen zu ihrem Körperschmuck und Sexualverhalten abzugeben. Denn über ihre Handschrift konnten die Bögen dem jeweiligen Studierenden zugeordnet werden ... und wer will in seinem Kurs schon als freakiger Sex-Maniac dastehen?

IG-GESAMTNOTE: Da Ursache, Wirkung und Auskunftsbereitschaft in dieser Studie nie geklärt werden konnten: Sonderpreis für konsequente Nichtbeachtung des Storchproblems*.

Persönlich wüsste ich gerne noch mehr über die seelischen Gefahren von vorehelichen Sexualkontakten. Die Grundannahme, dass diese schädlich sind, scheint zumindest nicht fraglich gewesen zu sein – keine schlechte Leistung im Jahr 2007 ...

J. R. Koch | A. E. Roberts | M. L. Armstrong | D. C. Owen (2007), »Frequencies and relations of body piercing and sexual activity in college students«. *Psychological Reports*, Nr. 101, S. 159–162.

MÄNNER MIT MILCHSCHOKOLADE

Viele Frauen, die schwanger sind oder keine hormonelle Empfängnisverhütung betreiben, kennen Schwankungen ihrer Vorlieben für bestimmte Speisen. Dabei geht es weniger um die Nahrhaftigkeit, sondern eher um den Säuregehalt beziehungsweise die Pappig-, Sämig- oder Breiigkeit des ersehnten Happens, also mehr um das Erlebnis im Mund als den Nutzen in Magen und Darm.

Königin der Begehrten ist dabei die Schokolade, sei es als Pudding, Eis oder en bloc. Sie verbindet alle guten Eigenschaften eines Muntermachers: Sie ist im Mund flutschig, der enthaltene Zucker wird schnell in Kraft umgesetzt, und zudem wirkt Schokolade messbar gegen schlechte Laune. Kein Wunder, dass sich Menschen während Diäten und Rosskuren oft nach nichts anderem mehr sehnen als einem Stück Schokolade oder einem Pralinchen.

»Allerdings«, so die Psychologen Macht, Roth und Ellgring von der Universität Würzburg, »sollten verschiedene Emotionen verschiedene Essenswünsche bewirken. Wut ist eine hochenergetische Sache, Traurigkeit verlangsamt alle Bewegungen, und Freude verbreitert die momentanen Gedanken.« Das sollte sich auch im Essverhalten widerspiegeln.

Wirkt auch auf Männer: Schokolade. Hier als Fondue.

Denn benötigt ein höheres Lebewesen viel Energie, heißt das bekanntlich nicht, dass es diese auch sofort als Nahrung zu sich nimmt. Das liegt auch nahe: Während eines Kampfes, Rennens oder eines Wutausbruches lässt es sich schlecht essen.

Sowohl Menschen wie auch Ratten essen daher am meisten, wenn sie zwar ein wenig, aber nicht zu sehr erregt sind. Nimmt der Stress weiter zu, dann futtert man, auch unter experimentellen Bedingungen wenig bis gar nichts.

Kniffelig und damit interessant ist nun die Frage, ob es wirklich stimmungsabhängig bevorzugte Nahrungsmittel gibt. Denn der Wunsch, einfach mehr zu essen, kann sowohl durch gute Laune (und damit auch Spaß am Schmecken) als auch durch negative Erlebnisse (und damit den Wunsch, sich durch eine Leckerei zu besänftigen) entstehen.

»Zudem«, so die Forscher, »hängt das Zusammenspiel von Stimmung und Essen auch davon ab, wie lange das jeweilige Gefühl schon andauert. Je länger jemand beispielsweise traurig ist, umso wahrscheinlicher könnte es werden, dass man dies durch Essen auszugleichen versucht. Hinzu kommt der Unterschied zwischen Frauen und Männern: Frauen versuchen viel stärker, ihre Gefühle durch Essen zu regulieren.«

Wie steht es also mit den Männern und ihrer Lust auf Schokolade? 48 Versuchspersonen (VP), die alle »gerne, aber nicht im Übermaß« Schokolade aßen, wurden daher in geeignete Stimmungen gebracht, um dann ihre Schokoladengewohnheiten zu prüfen. Dazu erhielten sie in jeder Gefühlslage ein Fünf-Gramm-Stückchen ihrer Lieblingsschokolade (bevorzugt wurde Rum-Traube-Nuss, gefolgt von Nougat, Yoghurt, Kokos, Weißer Vollnuss und – am unbeliebtesten – Halbbitter). Eine Kamera zeichnete auf, wie schnell und mit wie vielen Kaubewegungen die Zuschauer die Schokostückchen verzehrten.

Als Gefühlserzeuger wurden etwa zweieinhalb Minuten lange Ausschnitte aus Filmen gezeigt, die schon in mehreren Vorabstudien in Belgien, den USA und Deutschland erfolgreich zur Beeinflussung von VP verwendet worden waren:

- ▪ »Cry Freedom« (»Schrei nach Freiheit«, 1987 der südafrikanische Bürgerrechtler Steve Biko, gespielt von Denzel Washington, zahlt in Südafrika seinen Einsatz für die

Rechte dunkelhäutiger Menschen mit dem Leben): Ausschnitt, in dem weiße Polizisten junge dunkelhäutige Demonstranten prügeln → Wut

- »Schweigen der Lämmer« (1991; FBI-Agentin Clarice Starling, gespielt von Jodie Foster, verfolgt einen Serienmörder, der den Opfern die Haut teilweise abgezogen hat): Szene, in der die Agentin in einem dunklen Keller den Täter sucht, zugleich aber von ihm gejagt wird → Angst
- »The Champ« (Remake von 1979; ehemaliger Box-Champion, gespielt von Jon Voight, zieht seinen Jungen groß, nachdem ihn seine Frau verlassen hat, und arbeitet zugleich an seinem Comeback): Junge betrauert weinend den Tod seines Vaters → Trauer
- Harry und Sally« (1989; leichtfüßiger Film über Freundschaft und Liebe zwischen den Hauptfiguren): Sally (Meg Ryan) mimt in einem voll besetzten Restaurant an der schrottigen Manhattener Houston Street einen Orgasmus → Freude

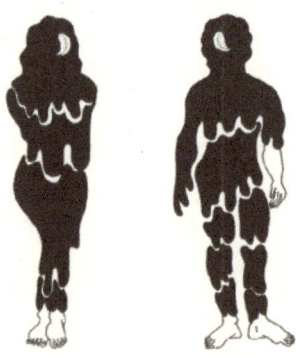

Zwischen diesen Ausschnitten wurde ein jeweils gut ein-minütiger Qip aus »Sieben Jahre in Tibet« gezeigt, der den Probanden erlauben sollte, sich ab- beziehungsweise umzu-regen.

Um zu sehen, ob die Schokolade die Laune veränderte, mussten die Probanden zunächst ihre eigene Stimmung einschätzen, dann den Filmausschnitt ansehen, dann ihre Schoki verzehren und zuletzt erstens erneut ihre Stimmung in einem Bogen beschreiben. Zweitens mussten sie sagen, wie lecker und »beruhigend«, »angenehm« oder »anregend« das jeweils gereichte Naschwerk auf sie gewirkt hat.

Dabei zeigte sich, dass der Appetit auf Schokolade am größten war, wenn der Film heiter daherkam. Angst führte nur zu einer leichten Abnahme des Schokoappetits, wäh-rend die traurige Szene und noch mehr die ungerechte Poli-zeigewalt schon einen deutlicheren Appetitverlust bewirk-ten.

Weil die Schokolade nun aber schon einmal dastand (und weil es zum Experiment gehörte), wurde sie trotzdem stets gegessen. Und siehe da: Während die Schokolade durch den Film fröhlich gestimmten Essern immer noch am bes-ten schmeckte, mundete sie auch bei ein bisschen Angst (»Schweigen der Lämmer«) noch recht gut. Nur Trauer und Wut senkten die Lieblichkeit des fettigen Kakaoproduktes merklich, nämlich um ein Viertel. Letztlich verschlug es aber keinem der Teilnehmer ernstlich den Appetit, sodass sich immer wieder eins bewahrheitete: Schokolade bleibt Sieger, und selbst Männer wollen ihr nicht widerstehen.

IG-GESAMTNOTE: Auch ein Gang ins Kino zeigt, dass die Forscher recht haben. Allerdings hätte man dort als Gegenstück für die durch den jeweiligen Film erzeugten Gefühle statt Schokolade die Menge verzehrten Popcorns oder von übertrieben gewürzten Maismehl-Dreiecken mit einer »Sauce« aus Pappe und Geschmacksverstärkern messen müssen. Dass die Versuchsleiter den Probanden die Ekel und Entsetzen bewirkende Qual des Verzehrs dieser unduften Produkte ersparten, ehrt sie. Weil die Kollegen aus dem Ig-Gremium die geschmackvolle deutsche Studie durchrasseln ließen, fühle ich mich traurig und wütend. Zur Aufmunterung hilft selbst mir als Mann, wie nun bewiesen ist, ein Riegel zart schmelzender Vollmilchschoki. Auch wenn ich darauf gefühlsbedingt eigentlich keinen Appetit haben sollte: Da sie nun einmal eh im Schrank auf mich warten, leiste ich keinen unsinnigen Widerstand und mampfe die lustigen Stückchen einfach auf. Das Beste daran: Anders als manche Frauen habe ich dabei keine Schuldgefühle. Doch das ist eine andere Studie, die erst im nächsten Buch erzählt wird.

M. Macht (1999), »Characteristics of eating in anger, fear, sadness, and joy« In: Appetite, Nr. 33, S. 129–139.

M. Macht | S. Roth | H. Ellgring (2002), »chocolate eating in healthy men during experimentally induced sadness and joy«. In: Appetite, Nr. 39, S. 147–158.

M. Macht | D. Dettmer (2006), »Everyday mood and emotions after eating a chocolate bar or an apple«. In: Appetite, Nr. 46, S. 332–336.

ALKOHOL LIEBENDE RATTEN
LEBEN LÄNGER (FINNLAND)

Die Kollegen Maija Sarviharju, Jarno Riikonen, Pia Jaatinen, David Sinclair, Antti Hervonen und Kalervo Kiianmaa von den Universitäten Helsinki und Tampere prüften, ob dauernder Alkoholgenuss irgendwelche messbaren Folgen hat.

Während jeder andere diese Studie für überflüssig gehalten hätte und besonders in Teilen der USA und manchen muslimischen Gegenden grundsätzlich geglaubt wird, dass Alkohol schlichtweg schlecht ist, sind die Finnen in dieser Sache naturgemäß aufgeschlossener. Anstatt zu glauben, testeten sie.

Allerdings zogen die Kollegen für ihre Versuche Ratten statt Menschen heran. Denn letztere sind im Laufe ihres Lebens zu vielen Einwirkungen ausgesetzt, an die sie sich selbst nicht erinnern (beispielsweise Lebensgewohnheiten in der Kindheit) oder die auch später kaum zu klären sind (Stress, Rauchen, Güte und Zusammensetzung von verzehrten Nahrungsmitteln und Getränken). Das könnte die Versuche ungewollt verfälschen.

Daher also Ratten, und zwar aus zwei verschiedenen Stämmen – der eine bestand aus Tieren, die darauf gezüchtet waren, von vornherein zehnmal lieber Alkohol zu trinken als ihre normalen vierbeinigen Kollegen (sogenannte A[lko-

143

hol]-Tiere), der andere setzte sich aus Tieren zusammen, die Alkohol verschmähten (NA-Tiere, No Alkohol).

Nun wurden die pelzigen Racker in zwei Untergruppen aufgeteilt und erhielten dort entweder nur zwölfprozentigen Alkohol (sonst nichts) oder nur Wasser (sonst nichts) als Getränk. Die zum Zwangssaufen verdonnerte Gruppe war dem – mit der Stärke von Rotwein doch recht ordentlichen – Lebenswasser vom 3. bis zum 24. Monat ihres Lebens ausgesetzt.

Danach wurden alle Ratten umgebracht und seziert. Tiere, die schon vor Ablauf der zwei Jahre starben, wurden ebenfalls aufgeschnitten und auf Krankheiten untersucht.

Die Ergebnisse der zweijährigen Trinkversuche waren ernüchternd. Ratten, die die ganze Zeit nichts als Alkohol getrunken hatten, lebten mindestens genauso lang wie zwangsabstinente Nager. Es war dabei sogar egal, ob sie ursprünglich aus der Zuchtlinie kamen, die sowieso dem Alk zusprach, oder dem veranlagungsbedingt Alkohol vermeidenden Stamm. Beide Tierstämme konnten fast zwei Jahre am Stück zum Saufen genötigt werden, ohne stärker zu erkranken als die Tiere, die nur Wasser erhalten hatten.

In einem Satz: Der Alkohol schadete nicht – weder den genetisch erzeugten Schnapsnasen noch den ansonsten Alkohol meidenden Ratten.

Das wäre schon verblüffend genug. Allerdings toppten die Nager das Ganze noch gewaltig.

»Am aufregendsten fand ich unseren Zufallsbefund, dass Ratten, die gerne Alkohol tranken, fast viermal länger lebten als die Tiere, die aus der Alkohol ablehnenden Zuchtlinie stammten«, staunt Versuchsleiter David Sinclair. »Da-

bei war es egal, ob die Tiere in unserem Labor auch wirklich Alkohol erhielten oder nicht. Wenn sie *grundsätzlich* dem Trinken zugeneigt waren, dann lebten sie auch länger – egal, ob sie in Wahrheit Wasser oder Alkohol tranken.

Die alkoholisierten Ratten hatten zwar mehr Gehirnveränderungen und Tumore als die Tiere auf Wasserdiät. Diese beiden krankhaften Auffälligkeiten führten aber nicht dazu, dass die alkoholisierten Artgenossen früher starben. Trotz der Erkrankungen lebten sie durchschnittlich 3,6-fach länger als die abstinenten Ratten.

Abgesehen von diesen bei der Sektion entdeckten Hirnveränderungen und Tumoren waren alle Ratten, egal welcher Sorte, also nur scheinbar gleich gesund. In Wahrheit ging es den Wasser trinkenden Tieren am schlechtesten. Sie starben deutlich früher als ihre alkoholischen Kumpane. Die dem Alkohol zugewandten Tiere hatten zwar Tumore und Nervenveränderungen, diese verkürzten aber ihr Leben nicht im Geringsten. Im Gegenteil: Sie hatten beispielsweise viel gesündere Nieren und litten deutlich seltener an Herz-Kreislauf-Erkrankungen.«

Ob die Alkohol liebenden Tiere ihren Stoff erhielten oder nicht, spielte für ihre vierfach verlängerte Lebensspanne keine Rolle: Sie lebten in jedem Fall länger. »Wir erklären uns das damit«, sagt Sinclair, »dass dieselben Gene, die bewirken, dass Ratten neigungsbedingt gerne Alkohol trinken, nebenbei auch das Leben verlängernde Wirkungen haben. Welche das sind, wissen wir aber noch nicht.

Auch, ob man die Befunde auf alle Alkohol liebenden Rattenlinien oder auf Menschen – und auch hier vor allem auf Alkoholiker – übertragen kann, wissen wir nicht. Es könnte beispielsweise sein, dass Ratten Alkohol anders verstoffwechseln als Menschen.«

Ein Hinweis darauf, dass Ratten beim Saufen tatsächlich anders als Humanoide gestrickt sind, ist die Beobachtung, dass Alkoholsucht bei Menschen oft auch mit seelischen Erkrankungen einhergeht.

Auffällig ist auch, dass sich Ratten, anders als Menschen, nie derart mit Alkohol abschießen, dass sie völlig die Kontrolle verlieren. Das könnte bedeuten, dass Ratten Alkohol besser vertragen; es könnte aber auch heißen, dass sie eine eingebaute Sperre besitzen, die sie dazu bringt, rechtzeitig aufzuhören, wenn das Lämpchen zu sehr brennt.

Streng genommen ist noch nicht einmal bekannt, welches Gen die Ratten zu Alkoholikern (und Langlebenden) macht. Es gibt zwar Hinweise darauf, dass der DNA-Abschnitt GABRG3 bei Alkoholikern häufiger auftritt, hier stehen die Kollegen aber erst am Anfang ihrer Arbeit.

M. Sarviharju | J. Riikonen | P. Jaatinen, D. Sinclair | A. Hervonen | K. Kiianmaa (2004), »Survival of AA and ANA Rats During Lifelong Ethanol Exposure«. In: *Alcoholism: Clinical and Experimental Research*, Nr. 28, S. 93–97.

KNEIPENBRUTALITÄT BEI ENGLÄNDERINNEN

Der Autor, todesmutig in Huddersfield (West Yorkshire), bei Forschungen zum Thema »Kneipenbrutalität bei Engländerinnen«.

Diese Meldung aus dem März 2003 spricht für sich:

»London (dpa) – Der ungezügelte Alkoholkonsum britischer Frauen kostet den Steuerzahler jährlich vier Millionen Pfund (sechs Millionen Euro). Wie der *Daily Telegraph* berichtete, sind es oft feiernde Damen, die hinter Krawallen im Pub stecken. Dabei gebe es häufig schwere Verletzungen, deren Behandlung vom staatlichen Gesundheitswesen finanziert wird. Nach einer Studie der Universität Wales suchen sich die randalierenden Ladys selten männliche Opfer aus, greifen dafür aber umso öfter ihre Geschlechtsgenossinnen an. Viele Kneipenwirte haben die Notbremse gezogen: Sie lassen größere Frauengruppen nicht mehr rein.«

Anon (2003), »Randale betrunkener Britinnen«. In: dpa 191633, März 2003

ANAGRAMME IM LIEGEN

Vermutlich haben Sie sich in der deutsch synchronisierten Version des Angst erzeugenden Films »Das Schweigen der Lämmer« (vgl. »Männer mit Milchschokolade«) gefragt, was zur Hölle daran witzig ist, dass Hanibal Lecter die junge FBI-Agentin mit dem Namen »Ned Fisuleis«[2] foppt. Mit schon fast gespenstischem Gespür erkennt Clarice Starling, dass sie die Buchstaben dieses seltsamen Namens durcheinanderwürfeln muss, bis ein anderes Wort dabei herauskommt:

»Ihre Anagramme klären sich, Doktor. Ned Fisuleis? Eisensulfid, auch bekannt als Katzengold!«

Diesen für den Filmverlauf entscheidenden Dreh versteht allerdings nur, wer so klug ist wie zehn Film- und Fernsehermittler, deren Eltern Deutsch, Englisch, Logik und Verfahrenstechnik studiert haben. Denn erstens muss man wissen, wie Anagramme funktionieren (Buchstaben so lange vertauschen, bis ein anderes Wort entsteht). Durch die Buchstabenverdrehung wird aus »Ned Fisuleis« in der Tat Eisensulfid.

Allerdings muss man nun noch durch Probieren erraten, welches der diversen Eisensulfide gemeint ist, hier nämlich

---

2 Im Original lautet der Name des erfundenen Bösewichts »Louis Friend«, was als Anagramm umgestellt »Iron Sulfide« ergibt.

So glitzert es zum Schein: Ned Fisuleis' Katzengold. *Foto: Hannes Grobe.*

Eisen-(II)-disulfid. Wer das (wie auch immer) erraten hat, schlägt nun in der Wikipedia nach: Der Stoff diente früher zur Schwefelsäure-Herstellung. Hm. Was hat Schwefelsäure mit gehäuteten Leichen zu tun?

Um das Lectersche Rätsel zu knacken, muss man noch einmal um die Ecke denken. Denn Schwefelsäure meint der kannibalische Serienmörder ebenso wenig wie überhaupt das Wort »Eisendisulfid«. Stattdessen ist der englische Laien-Namen für das Mineral gemeint, nämlich »fools gold«, also Deppengold – eine glitzernde Substanz, die nur Dummköpfe für Gold (oder im Film: eine scheinbar wertvolle Information) halten können.

Mit diesem ulkigen und endlos verdrehten Hinweis will

der psychopathische Psychologe die FBI-Agentin ärgern und herausfordern. Das in der deutschen Version verwendete Wort »Katzengold« hilft den Zuschauern dabei nur bedingt weiter, weil die meisten Popcorn essenden Kinozuschauer wohl kaum wissen, welcher Stoff, geschweige denn welcher handlungstragende Hinweis mit »Katzengold« gemeint sein soll – goldene Katzen?

Ähnliche Gedanken plagten offenbar auch die Kollegen Lipnicki und Byrne von der australischen National University in Canberra. Sie fragten sich, wie man Anagramme schneller und richtiger lösen kann. »Wenn man steht«, so die beiden Psychologen, »dann fließt das Blut von den oberen Körperbereichen in die unteren. Das ›bemerken‹ auch Dehnungsmelder in den Adern, Herz und Lunge. Sie bewirken dann eine Erhöhung des Herzschlages, damit der Kreislauf stabil und das Blut nicht ›in den Beinen‹ bleibt.«

Wenn man stattdessen ausgestreckt daliegt oder Spenderblut in die Adern gepumpt wird, dann stehen die körpereigenen Druckmelder im oberen Körperbereich wieder unter Druck. »Dadurch«, so die Forscher, »wird im Gehirn über den Hirnbereich locus caeruleus (»himmelblauer Ort«) weniger Nervenüberträger Noradrenalin ausgeschüttet. Man wird dadurch lahmer. Das ist auch der Grund, warum man im Liegen schneller einschläft als im Sitzen.«

Schon seit 2002 war bekannt, dass genau dieser »himmelblaue Ort« im Gehirn möglichst wenig arbeiten sollte, wenn man Anagramme lösen möchte, als Kollegen von mehreren Universitäten in den USA ihren Studenten erst die Medikamente Nadolol und Propranolol verabreichten und ihnen dann folgende Anagramme vorlegten:

IRBCK, NYOME, OSEOG, AADLS, EKRCE, HTRSI, ROY-EMM, NHDLEA, SLAGS, NEHOY, ITAPO, THETE, NECFE, EIYDL, ZAZPI, TMOEL, OPNHE, MOBOR, MHBTU, GLAEE, GERUBR, SRREEA, NECICS, ATESTE, ORYCTAF, LETKLIS, CLEHIVE, WOERLF, CERCOS, KSTBEA, OPCILE, CNLPIE, AOGRNE, PPLEUR, IARTGU, KPNNIA, NNIEAC, SNIIOV, RBELRA, DUNTERH, WEEJYLR, LEGLOCE, KNECIHC, ILO-ADHY und NENTAAN.

Die genannten Medikamente sind Beta-Blocker, das heißt, sie senkten den Blutdruck und die Herzschlagrate der Versuchspersonen (VP). Weil man das auch durch entspanntes Zurücklehnen statt durch Chemie erreichen kann, wundert es nicht, dass die Teilnehmer mit Beta-Blockern im Blut die Rätselchen im Schnitt ein Drittel schneller lösten als ihre ungedopten Konkurrenten.

Ein Team australischer Kollegen folgte der in ihrem Land allgemein bekannten Tatsache, dass »leaned back« alles einfacher ist. Sie ließen daher die Medikamente weg und baten ihre Studenten, insgesamt 16 Aufgaben zu bearbeiten, die ihnen zufällig aus einem Topf mit 32 Anagrammen, also auf Worten beruhenden Problemen, und 32 mathematischen Rätseln gestellt wurden.

»Die Rechenaufgaben«, so die beiden Psychologen, »waren nicht sehr schwierig und enthielten immer zur Hälfte Zusammenzählungen und zur anderen Hälfte Minusaufgaben, beispielsweise $46 - 21 + 13 - 16$. Bevor es ernst wurde, durften die Studenten im Sitzen zweimal üben. Dazu platzierten wir sie an einen normalen Labor-Schreibtisch. Für die Liegeaufgaben hatten wir eine Matratze auf den Boden gelegt. Den Bildschirm stellten wir auch auf den Boden und

Katzengold oder falsch gelöstes Anagramm – oder beides?

gaben den Studierenden noch ein Kissen, damit sie sich den Hals nicht so verrenken mussten.«

Damit das Ganze nicht ewig dauerte, hatten alle Probanden höchstens 45 Sekunden pro Rätsel Zeit. Danach erlosch die Aufgabe vom Monitor und eine neue begann. Wer es vor dieser Höchstzeit schaffte, konnte die Lösung notieren und das nächste Anagramm oder Mathe-Quiz schon früher aufrufen.

Ergebnis: Die Anagramme wurden im Stehen in durchschnittlich 29,4 Sekunden gelöst, während es im Liegen nur 26,3 Sekunden dauerte. Der Zeitgewinn betrug also drei Sekunden pro Worträtsel.

Bei den Rechenaufgaben war der Unterschied viel geringer, nämlich im Stehen im Mittel 17,9 versus 18,6 Sekunden.

»Wir können natürlich nicht ausschließen«, räumen die Forscher ein, »dass das Ganze nichts mit dem Herunterschalten der ›himmelblauen Region‹ im Liegen zu tun hat, sondern einfach damit, dass auf der Matratze das Gehirn stärker mit Blut und damit auch mit Sauerstoff versorgt wird. Es könnte auch sein, dass die Studenten im Liegen einfach mehr Spaß am Denken haben als im Sitzen. Weil wir das alles nicht wissen, regen wir dringend an, in diesem Gebiet noch ausführlich weiter zu forschen.

Wenn man berücksichtigt, dass Anagramme nicht durch Tüfteln, sondern durch plötzliche Einsicht, also eine Art Geistesblitz, gelöst werden, haben wir durch unsere Studie jedenfalls eines bewiesen: Im Liegen und beim Schlafen hat man die besten Ideen.

Ein gutes Beispiel dafür ist der griechische Mathematiker Archimedes. Während er in der Wanne lag, beobachtete er, dass die Menge Wassers, die über den Rand floss, dem Rauminhalt entsprach, den sein Körper unter Wasser verdrängte.

Unser Kollege Donnchadh O'Corrain hat auch noch andere Höchstleistungen herausgesucht, die im Liegen stattfanden. Darunter war das Dichten der hochkomplizierten Liebesgesänge mittelalterlicher irischer Barden. Und er fand Beschreibungen über Jurastudenten, die seit dem späten 16. Jahrhundert auf Strohballen liegend büffelten.«

IG-GESAMTNOTE: Liegen ist besser als sitzen: Nicht die neueste Erkenntnis, dafür aber nun wissenschaftlich untermauert. – Es gibt, bedingt durch Rechnerhilfe, übrigens mittlerweile ein meist humoristisches Betätigungsfeld, in dem die seltsamsten und teils auch gehässigsten Anagramme ermittelt werden. Hier einige Beispiele für Prominenten-Wortschüttler: »Das Paar Melonen« (Pamela Anderson), »Holt Aspirin« (Paris Hilton), »Lange Makrele« (Angela Merkel) oder »Oral Sex« (Axl Rose).

Wegen dieser computergestützten Ausuferungen ist es vielleicht zumindest für Anagramm-Spezialisten aus dem Humorbereich nicht mehr nötig, sich beim Ertüfteln neuer Varianten auf den kopf zu stellen. Wem es trotzdem Spaß macht: Bitteschön. Ich werde derweil – mit beiden Beinen auf dem Boden – durchkämpfen, dass das Paper* von Darren Lipnicki und Don Byrne einen Ig-Nobelpreis für egal was erhält.

D. Q. Beversdorf | D. M. White | D. C. Chever | J. D. Hughes | R. A. Bornstein (2002), »Central Beta-Adrenergic Modulation of Cognitive Flexibility«. In: *Neuroreport*, Nr. 13, S. 2505–2507.

D. M. Lipnicki & D. G. Byrne (2005), »Thinking on your back: Solving anagrams faster when supine than when standing«. Cognitive Brain Research, Nr. 24, S. 719–722.

FEHLENDE VORHÄUTE

In vielen – übrigens auch einigen vorwiegend protestanti-
schen – Gebieten der Welt ist die Vorhautbeschneidung bei
Jungs gang und gäbe. Abgesehen von vorgeschobenen Hygi-
enevorstellungen soll der Grund dafür sein, dass die sexuelle
Erregung der Beschnittenen klein und deren Aufmerksamkeit also nicht ins Sexuelle abschweift, sondern bei der Arbeit bleibt. Eine irgendwie krumme Behauptung – was hat
die Vorhaut mit Sexfantasien zu tun?

Die zugrunde liegende Annahme ist so einfach wie erstaunlich: Ohne Vorhaut soll man gegen die dann viel häufiger auftretenden Penisspitzenreibungen (gegen die Unter-
hose) abstumpfen. Die inneren Werte und Wünsche von
Männern zählen in diesem zweifelhaften Denkgebilde mal
wieder nix: Es genügt dem Durchschnittsmann offenbar,
dass seine Hose gegen die Eichel drückt, und schon legt er auf
der Suche nach einem Geschlechtspartner die Arbeit nieder.

Wo mein Verstand versagt, beginnt die Arbeit für die
Kollegen. Für ein aktuelles Paper* tupfte ein nordamerika-
nisches Psychologen- und Ärzteteam vierzig Männern mit
feinen Plastikstäbchen (Einweg-Filamenten) auf Penisschaft
und -spitze und ermittelte, ab wann sie den zarten Druck
erstmals wahrnahmen.

Um als Vergleich zu ermiteln, wie druckempfindlich andere Körperteile sind, benutzten sie den Unterarm dieser Personen – und zwar einmal in normalem, und dann in mittels Sexfilm erregtem Zustand. Dasselbe galt natürlich auch für die Penisse.

Ergebnis: Die Druckempfindlichkeit aller Penisse war immer gleich. Unbeschnittene Männer hatten im Ruhezustand (ohne Sexfilmgucken) allerdings eine niedrigere Penistemperatur. Bei filmischer Anregung stieg diese Temperatur aber umso steiler an und lag dann wieder mit der Temperatur der beschnittenen Penisse auf einer Höhe.

Es ergab sich aber ein rätselhafter Nebenbefund: Die beschnittenen Männer reagierten empfindlicher auf Berührungen ihrer *Arme* als ihre unbeschnittenen Counterparts – hm!

»Zusammenfassend kann man sagen«, so die Projektleiterin Kimberley Paiyne und Kollege Yitzhak »Irv« Binik, »dass der angebliche Grund zur Beschneidung, nämlich die gewollte Abstumpfung des Gliedes, wohl unrichtig ist. Interessant finden wir, dass Menschen, die sexuell erregt sind, generell weniger empfindlich auf Berührungen reagieren. Hier sollten wir unbedingt noch weiter forschen. Denn kein Mensch kann abstreiten, dass ein unbeschnittener Penis anders gebaut ist als ein beschnittener. Irgendwo muss es Unterschiede geben – wir müssen sie nur finden …«

IG-GESAMTNOTE: Das leider zu spät eingereichte Vor-
haut-Paper habe ich zwar auch auf die Ig-Liste gesetzt –
zuerst will ich aber noch eine Packung Einwegfilamente
besorgen.

K. Payne | L. Thaler | T. Kukkonen | S. Carrier, Y. Binik (2005), »Sensation
and sexual arousal in circumcised and uncircumcised men«. In: *The Journal of Sexual Medicine*, Nr. 4, S. 667–674.
M. Shainblum (2007), »McGill researchers use Videos, high-tech sensors to
measure arousal«. In: *McGill University*, 27. Juli 2007, o.B., o.S.

GIERIGE SUPPEN

Ähnlich unerwartet wie die Prüfung der Penisse verlief eine Untersuchung, bei der Probanden an der Cornell Universität manipulierte Suppenteller vorgesetzt wurden. Während des Suppelöffelns füllten sich die teuflischen Apparate langsam durch einen unten angebrachten, zwei Zentimeter dicken Schlauch immer wieder nach.

Beim Essen wurde darauf geachtet, dass die Probanden sich im Labor wohlfühlten, denn es ist seit einer Studie aus

Trickst auch den größten Topf aus: der Autor.

dem Jahr 2003 bewiesen, dass man im Kreise seiner Lieben mehr isst als unter Fremden. Zudem wurden die Essenszeiten variiert (elf, zwölf oder dreizehn Uhr), die Schläuche nach jedem Versuch auf versteckte Luftblasen untersucht sowie eine allgemein beliebte Suppensorte (Tomate) gewählt. All dies, um wirklich das zu messen, was gemessen werden sollte: Würden die Probanden die Füllstandstäuschung erkennen oder einfach immer weiter essen?

Ergebnis: Es kam zum Fress-Overkill. Die per Schlauch ausgetricksten Probanden hatten am Ende im Schnitt dreiundsiebzig Prozent mehr Suppe gefuttert, waren aber trotzdem der Meinung, dass das Gegessene »genau« dem Inhalt nur *einer* der ihnen vorgesetzten Suppenteller (510 Gramm Suppe) entsprochen hatte. Tja.

IG-GESAMTNOTE: »Traue niemandem, vor allem nicht dir selbst«, ist mein von allen Studierenden allerdings bloß mit Augenrollen quittiertes Credo. Dass ich dennoch recht haben könnte, zeigen die zwei hübschen Ess- und Vorhaut-Experimente: Es ist eben wirklich alles relativ und anders, als mensch denken könnte. Daher ging 2007 ein Ig-Nobelpreis an die erfreuten Suppenkollegen.

B. Wasink | J. Painter | J. North (2005), »Bottomless bowls: Why visual cues of portion size may influence intake«. In: *Obesity Research*, Nr. 1, S. 93–100.

METEORITEN UND LOTTOGLÜCK

Die NASA – fast nie um abwegige Gründe für Geldeinwerbungen verlegen – verkündete Ende November 2006, dass »die Öffentlichkeit erwartet, dass wir fähige Astronauten haben, die Probleme mit Asteroiden bewältigen.« Das Gedankenbild vom Miniplaneten sprengenden Helden sollte sich dabei aufdrängen.

Doch wie wahrscheinlich ist es überhaupt, dass ein steinerner oder metallener Flugkörper die Erde trifft? Es ist unerwartet wahrscheinlich und passiert – allerdings mit kleineren Meteoren – auch laufend. Menschen wurden von diesen Mini-Objekten zwar noch nicht getötet, allerdings wurde im Oktober 1972 in Venezuela eine Kuh erschlagen, im Oktober 1992 in Malibu (New York State) ein Chevrolet verdellt und im November 1954 eine auf einem Sofa ruhende Frau an Arm und Hüfte gestreift (Alabama State). Immer zum Jahresende!

Grund zu fortgesetzter Panik gibt es reichlich. Im März 2004 schrammten beispielsweise zwei Asteroiden nur 43 000 und 6500 Kilometer an der Erde vorbei, und am 16. März 2880 (kein Druckfehler) wird es erneut ernst: Die Kollisionswahrscheinlichkeit mit Objekt »29075 1950 DA« beträgt immerhin 0,33 Prozent.

Deswegen überlegt die NASA tatsächlich – »auch zur

Überbrückung bis zum Flug zum Mars« –, einen Menschen auf einen Asteroiden zu senden. Der Raumfahrer soll diesen dann entweder mit einem Spiegel oder heller Farbe versehen. Die darauf prallenden Sonnenstrahlen lenken durch die winzigen Kraftstöße das extraterristische Gebilde im Laufe der Jahre in der Schwerelosigkeit so ab, dass es eine für die Erde ungefährliche Umlaufbahn erreicht.

Wer's nicht glaubt: Die Japaner haben am 12. September 2005 zumindest eine Asteroiden-Landung auf Objekt »25143 Itokawa« vorgemacht: »Hayabusa« (dt.: Falke) heißt die Raumsonde und das Suchwort bei google. Der japanische Falke ist derzeit auf dem Weg zurück zur Erde und trifft voraussichtlich 2010 wieder hier ein. Daumen und Ionendüsen drücken!

Nur einer macht sich keine Sorgen um auf die Erde einschlagende harte Gegenstände und geißelt die in seinen Augen künstlich angestachelte Hysterie. Der englische Politiker Lembit Opik rechnete nach und verkündete pragmatisch und schicksalsergeben:

»Die Frage ist doch überhaupt nicht, ob ein Asteroid auf der Erde einschlägt, sondern wann. Es ist 750-mal wahrscheinlicher, von einem Asteroiden getötet zu werden, als am Samstag im Lotto zu gewinnen.« Zack!

IG-GESAMTNOTE: Unwirtlich und kalt ist sie, die anorganische Welt der Nicht-Biologie. Gut 800 Steinbrocken warten derzeit auf die Kollision mit der Erde. Die beunruhigende Lottostatistik von Lembit Opik habe ich daher blitzschnell ans Ig-Komitee durchgereicht;

drücken Sie die Daumen, dass wir bis zur Abstimmung noch am Leben sind. Die nächsten Close Encounters stehen unmittelbar bevor … wer es nicht glaubt, darf sich auf der Website der NASA gerne selbst verrückt machen: http://neo.jpl.nasa.gov/

D. Morrison | C. R. Chapman | D. Steel, R. P. Binzel (2004), »Impacts and the Public: Communicating the Nature of the Impact Hazard«. In: M. J. S. Belton | T. H. Morgan | N. H. Samarasinha | D. K. Yeomans (Hrsg.), Mitigation of Hazardous Comets and Asteroids, Cambridge University Press (USA).

GEFÜHLE IM OHR

Schon seit 1993 ist bekannt, dass Menschen eine Lüge besser erkennen können, wenn sie in ihr linkes (nicht das rechte) Ohr gesprochen wurde. Dazu hatte man an der Triester Universität mehrere Menschen experimentell behaupten lassen, ein ihnen vorgelegtes Foto gefalle Ihnen (oder eben nicht). Die Versuchspersonen (VP) wussten nicht, was auf den Bildern zu sehen war. Sie erkannten aber in 63 Prozent der Fälle dennoch, ob die Aussage stimmte oder nicht.

Die Daten zeigten allerdings zwei interessante Auffälligkeiten: Erstens gelang die Unterscheidung nur, wenn die Sprecher Männer waren – von Frauen ausgesprochene Unwahrheiten wurden von den VP, egal welchen Geschlechtes, fast nie erkannt. Zweitens schien es den Kollegen, als werde nicht die Lüge selbst, sondern nur der Grad der Emotionalität, der beim Lügen meist erhöht ist, von der rechten Hirnhälfte besser erkannt als von der linken.

Zwölf Jahre später knüpften Kollegen von der Sam Houston State University daran an und ließen diesmal Worte vorlesen, die zwar eine Emotion erzeugen, vom Sprecher aber gleichgültig, also ohne Gefühlsbeteiligung, aufgesagt wurden. Und wirklich: Die 62 »Versuchshörer« erinnerten sich hinterher immer dann besser an Worte wie das schöne »lie-

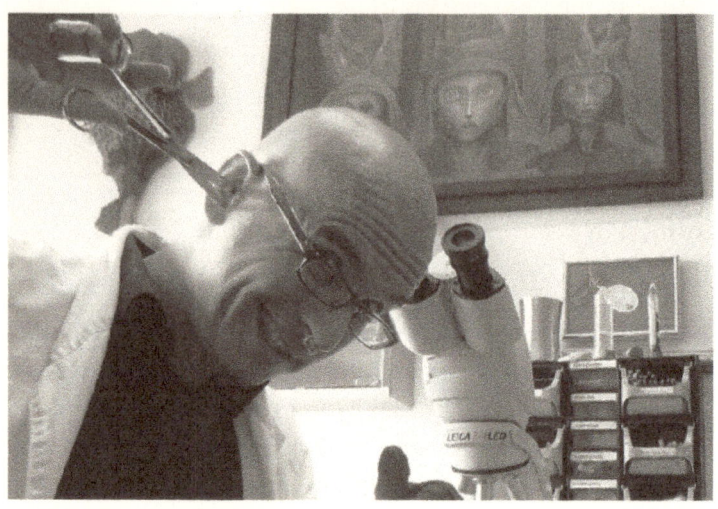

Verbesserungen des Hörvermögens helfen, Lügen zu erkennen – sofern sie von Männern ausgesprochen werden.

bevoll«, wenn sie eben ins linke Ohr gesprochen wurden. Die offenbar hässlicheren Wörter »kombinieren« oder »vakant« wurden hingegen immer gleich schlecht erinnert, egal, in welches Ohr sie geflüstert worden waren.

Es verwundert daher auch nicht, dass Menschen mit Veränderungen im rechten Hirnteil oft Aussagen wörtlich nehmen, die eigentlich nur emotional gemeint waren – das älteste Problem bei der Verständigung der Geschlechter.

IG-GESAMTNOTE: Endlich eine Ausrede, warum ich Telefonieren hasse (= Gefahr von Einflüsterungen!) und emotionale Zwischentöne nicht verstehen kann: Offenbar werde ich zu oft von rechts angelabert.

Wer sich das nicht vorstellen kann, möge gerne beim Autor oder Prof. Liss vorstellig werden, bei denen emotionale Worte nur Gleichmut, die Erwähnung von Vakanzen oder der Zahlenfolge 1530, 1827, 2187 hingegen freudiges Interesse bewirken. Viel Spaß beim Kombinieren!

T.-W. Sim | C. Martinez (2005), »Emotion words are remembered better in the left ear«. In: *Laterality*, Nr. 10, S. 149–159.

FOTOBLINZLER

Jeder kennt das Problem: Auf dem Gruppenfoto der Familie sind zwar ausnahmsweise alle drauf – doch einige haben immer die Augen geschlossen. Nicht zwingend logisch, aber aus der Praxis bekannt: Es hilft, die Serienbildfunktion der Fotokamera zu aktivieren, und schon gibt's Bilder, auf denen alle Augen offen sind. Wie kann das sein?

Um – typisch Nicht-Nerd* – möglichst auf Experimente zu verzichten und das Ganze durch Nachdenken zu lösen, beschloss die Fotografin Nic Svenson, gleich an der Forschungsfront anzufragen. Dort fand sie in der riesigen Commonwealth Scientific and Industrial Research Organisation (CSIRO) in Australien ihren Ansprechpartner: Den postdoktorierenden und Rastamatte tragenden Physiker Piers Barnes. »Ich muss in meinem Job auch eine Menge Fotos machen«, erklärt Barnes sein Interesse. »Nic hatte bereits ermittelt, dass (beispielsweise durchs Fotografiertwerden) gestresste Menschen bei einer durchschnittlichen Blinzelzeit von 250/1000 Sekunden etwa zehn Mal pro Minute die Augen schließen.«

Zeit für eine Formel also. In diese flossen folgende Annahmen ein:

a) Die verwendete Kamera öffnet pro Foto für nur etwa 8/1000 Sekunden ihre Blende,

b) das Blinzeln aller zu einer fotografierten Gruppe zu-
sammengefassten Menschen ist nicht aufeinander abgestimmt oder aneinandergekoppelt, und

c) auch die Pausen zwischen den Blinzelvorgängen in
einer Gruppe sind zufällig verteilt.

Dann gilt bei x = Anzahl Augen-Zuklapper und t = Zeit, in der
das Foto wegen eines Blinzelnden scheitert, dass die Wahrscheinlichkeit, dass niemand blinzelt, (1-xt) ist. Bei zwei Personen quadriert sich das Ganze zu $(1-xt)^2$, bei dreien $(1-xt)^3$
und so weiter.

Daraus entsteht dann eine Gaußverteilung*, bei der auf
der einen Seite die Anzahl wahrscheinlich gelungener Bilder
steht, auf der anderen die der vermutlich verblinzelten und
in der Mitte die mit einer Halb-und-Halb-Chance, dass es ge-
klappt hat.

Wer nun meint, dass Rechnen alle Probleme, erst recht so
alltägliche, löst, der wurde nun ernüchtert. Denn will man
mit einer Wahrscheinlichkeit von 99 Prozent alle in einer
Gruppe Fotografierten offenen Auges abbilden, dann muss
mensch Hunderte, wenn nicht sogar Tausende von Bildern
machen. Machbar sind laut Formel nur Pulke bis höchstens
dreißig Personen: Dort genügen »nur« durchschnittlich
dreißig Auslösevorgänge, um zumindest ein brauchbares
Bild zu erhalten. (Obwohl dann zwar alle die Augen aufha-
ben, aber einer trotzdem garantiert blöd guckt oder Faxen
macht, aber das ist ein anderes Thema.)

Für kleine Gruppen (mit weniger als zwanzig Gästen) gilt
folgende Faustregel:

Die Anzahl der nötigen Knipser (bei hellem Licht, was

wegen der kürzeren Belichtungszeiten viele Bilder pro Sekunde ermöglicht) ist gleich der Anzahl der Menschen in der Gruppe geteilt durch drei. Bei weniger Licht lautet die Regel: Anzahl der Menschen geteilt durch zwei.

Für Gruppen mit mehr als zwanzig Menschen muss man, wie gesagt, mit etwa dreißig Bildern rechnen, um ein blinzelfreies zu erhalten. Für Gruppen über dreißig Personen hat alles keinen Sinn mehr, und man kann sich guten Gewissens, statt zu fotografieren, einfach dem leckeren Buffet des hoffentlich duften Familien- oder Kollegenfestes zuwenden.

IG-GESAMTNOTE: Elegant und substanziell, wenngleich die Frage bleibt, ob man auf diese Weise auch unerwünschte Gesichter aus dem Bild rechnen kann.

Da Len Fisher für die Berechnung der optimalen Kekstunkzeit anhand der Washburn-Formel für kapillaren bereits den Spaßnobelpreis für Physik erhalten hatte (siehe Lachende Wissenschaft, S. 38), kamen wir bei dieser neuen, ähnlich eleganten Veröffentlichung in Zugzwang. Also gab's schnurstracks den Ig-Nobelpreis für Mathematik 2006 für Fishers Kollegen Barnes und die coole Fotografin.

P. Barnes | N. Svenson (2006), »Blink-free photos, guaranteed«. In: *Velocity* (Commonwealth Scientific and Industrial Research Organisation [CSIRO], Australia), Ausgabe Juni 2006, o.B., o.S.

GAFFENDE LAFFEN

Welch herber Nerd ich bin, stellte sich kürzlich auf der Jahrestagung der Forensiker in San Antonio (USA) heraus. Die Leute sprachen mich mit »Hi, Britney« an, was ich selbstverständlich auf mein sportives Jäckchen bezog.

In Wahrheit lachte man mich aber wegen der von mir für kühlend und praktisch gehaltenen Glatze aus, die sich auch Frau Spears kurz zuvor hatte rasieren lassen. Das wusste ich aber nicht, da mich Promis und deren meist ziemlich blöde Leben nicht interessieren. Das macht mich zum sozialen Outcast.

Gekränkt durchwühlte ich die Datenbank Medline für biomedizinische Forschungsberichte, um zu beweisen, dass Interesse für Promis ein evolutionärer Rückschritt ist.

Und wirklich:

Männliche Rhesusaffen ließen sich an der Duke University zwar nur durch Bestechung mit einem leckeren Fruchtsaft dazu bringen, Fotos von rangniedrigen – das heißt unprominenten – Mitaffen anzusehen. Soweit noch keine Überraschung.

Ganz anders jedoch, als es um (möglichst lange) Blicke auf Fotos ihrer sozial höher stehenden Gruppenkollegen ging. Für diese erwünschten Blicke tauschten unsere haari-

Annette Tietz und der Autor locken Rhesusaffen mit verschiedenen Säften.

gen Vettern sogar ihren Saft ein. Genauer gesagt bezahlten sie durch freiwilligen Verzicht auf die Leckerei für Blicke in die von den Nervenforschern erstellten Affen-Illustrierten. Der Tausch »Saft gegen Fotos gucken« wurde sogar von durstigen Affen durchgeführt.

Dass das fürs Promi-Anglotzen geopferte Getränk wirklich eine gültige Währung ist, zeigte sich übrigens daran, dass die männlichen Tiere auch dann auf den Saft verzichteten, wenn sie dafür im Tausch weibliche Affenhinterteile ansehen durften.

IG-GESAMTNOTE: Erstens: Der Mensch benimmt sich (vor allem bei den Zeitschriften »im Wartezimmer«) wie die Rhesusaffen.

Zweitens: Kein Wunder, dass die Texte in den Klatschblättchen so hirnrissig sind — es geht evolutionär programmiert eh nur ums Bildchengucken.

Drittens: Wenn man von internationalen Kollegen »Britney« getauft wird, muss das nix Schlechtes heißen, sondern spricht für eine — gegebenenfalls allerdings obskure — Prominenz.

TRINKEN MACHT SCHLAU

Wenn Frauen in Stimmung sind, ist es ihnen recht wurscht, ob der Typ an der Bar wie George Clooney aussieht oder nicht: Er wird im sexuellen Ernstfall einfach abgeschleppt.

Männer kennen Ähnliches, reden sich zusätzlich aber ein, man könne sich die unter ungünstigen Bedingungen auserwählte Bettpartnerin mittels Spirituosen »schöntrinken«.

Die Psychologen R. S. Friedman und D. M. Mccarthy von der Universität Missouri sowie J. Förster (damals Bremen, mittlerweile Uni Amsterdam) und M. Denzler (auch Uni Bremen) testeten daher, ob es wirklich einen Zusammenhang zwischen Alkohol und Sex gibt. 82 junge Männer – vielleicht in der Annahme, dass es in dieser Gruppe besonders viele saufende Lüstlinge gäbe, vielleicht aber auch nur, weil die Studenten leicht verfügbare Versuchspersonen (VP) waren – unterzogen sich daher zunächst einmal einem Persönlichkeitstest. Der Fragebogen bestand aus 200 Aussagen, die neben Charaktereigenschaften auch das Trinkverhalten maßen. Elf Prozent der Probanden hatten entweder noch nie oder nur maximal viermal in ihrem Leben Alkohol getrunken, während der Großteil von ihnen (65 Prozent) angeblich nur »ein bis zwei Mal pro Woche« trank. Weil das aber schon die höchstmögliche im Bogen vorgesehene Trinkhäufigkeit war, wäre es auch vorstellbar, dass sich noch mehr Bier oder Schnaps trinkende Studenten unter ihnen verbargen.

Einige Wochen später mussten die Studenten angeben, ob ihrer Meinung nach »Alkohol die Lust auf Sex verändert« und ob die Begierde, die Erregung, der Spaß daran, die Freude oder das Interesse an Sex beim Trinken steigen oder sinken.

Nachdem auch das nun bekannt war, kam die letzte Runde. Die VP durften nun nämlich weder Alkohol trinken noch Sex haben, sondern wurden vor Bildschirme gesetzt, auf denen sie 110-mal eine Reihe von Wörtern sahen. Vor jeder Worteinblendung erschien ein Plus-Zeichen, dann für eine knappe halbe Sekunde eine Serie von »und«-Zeichen und schließlich für nur 40 Millisekunden ein vom Rechner zufällig ausgewähltes Wort.

Die Begriffe, die dabei zur Auswahl standen, hatten je nach Gruppeneinteilung entweder nur mit Alkohol zu tun oder eben nicht. Beispiele:

- alkohollastig: Bier, Whiskey, Cocktail, Lager, Rum, betrunken, besoffen, Martini, Wodka, Alk, Bierkrug.
- nicht alkohollastig: Limo, Tee, Tasse, Wasser, Kaffee, Cola, Espresso, Eis, Fruchtpunsch.

Nach dieser rasend kurzen Einblendung, die wegen ihrer Kürze nicht bewusst wahrgenommen werden kann, füllte sich der Bildschirm dann mit X-Buchstaben.

Damit war die Gedanken-Beeinflussung vollendet. Nach Erscheinen jedes der alkoholischen oder nichtalkoholischen Wörter mussten die Probanden zum Schein noch eine einfa-

Wirken auf betrunkene Männer intelligenter: Frauen. *Abb. Lisa Fuß.*

che Aufgabe lösen, beispielsweise unterscheiden, ob der Begriff »nogzp« ein echtes Wort sei oder nicht. Das diente aber nur der Ablenkung der Studenten – wichtig war in Wirklichkeit nur, dass sich in das studentische Unterbewusstsein ein getränketechnischer Begriff eingefressen hatte.

Den nun ahnungslos auf Alkohol oder Fruchtpunsch eingeschworenen Studenten wurden dann unter einem weiteren und nichtssagenden Vorwand (»interpersonelle Impressionen«) Porträtfotos von zufällig ausgewählten Studentinnen vorgelegt, deren Aussehen und Intelligenz beurteilt werden sollte. Die Skala reichte dabei von 1 (»geht gar nicht«) bis 9 (»sieht außerordentlich gut aus/ist höchst intelligent«).

Die Ergebnisse waren unerwartet, zumindest wenn man Männer für Schweine hält. Denn erstens schätzten die Männer die fremden Damen im Schnitt stets klüger (5,7 Punkte) als schön (4,4 Punkte) ein – ein Kompliment für bildungsliebende Frauen.

Zugleich erlagen nur diejenigen Männer, die ohnehin daran glaubten, dass Alkohol die Freude am Sex begünstigt, genau dieser Vorhersage auch im Test. Sie hielten die unbekannten Frauen stets für schöner, wenn sie zuvor unbewusst Alkoholbegriffe gelesen hatten.

Diejenigen Studenten hingegen, die schon vorher nicht glaubten, dass Alkohol das Gegenüber sexy macht, wurden auch durch die Kurzeinblendung von alkoholischen Begriffen nicht dazu verleitet, unbekannte Frauen schöner einzuschätzen. Für sie blieben die Frauen mit und ohne Alkoholvorprägung immer gleich (stark oder schwach) anziehend.

Doch was passiert, wenn beide – Frau und Mann – trin-

ken? » Es ist natürlich möglich«, räumen die Autoren ein,
»dass Frauen anders auf alkoholische Erwartungen reagieren als Männer. Beispielsweise könnten Frauen, um nicht
als Männer mordende Mädchen dazustehen oder um sich
Lästlinge schlicht vom Hals zu halten, die Ansprüche an das
Aussehen ihrer männlichen Trinkgefährten stark erhöhen
anstatt sie wie Männer einfach zu senken.«
In einem Satz: Wer daran glaubt, dass Alkohol das weibliche
Gegenüber schöner macht, für den erfüllt sich diese Vorhersage auch. Alle anderen behalten einen klaren Kopf und eine
Gefährtin, die im Zweifel zwar nicht mit in die Falle steigt,
dafür aber bei der Unterscheidung der Begriffe »nogzp« von
anderen und vielleicht schöneren Worten helfen kann.

IG-GESAMTNOTE: Wenn da mal nicht die US-amerikanische Furcht vor »risky sex« (O-Ton aus dem Paper*) und studentischer Ausschweifung durchgeschlagen hat (vgl. S. 85 ff.) ... Weil jedenfalls und unbestritten noch die Versuchsreihe zur Wirkung von Alkohol auf Frauen und deren dann folgende Einschätzung der mit ihnen trinkenden Männer fehlt, sind die Leserinnen aufgefordert, hier nachzulegen und dem Autor (gemeint ist: mir) ihre Erlebnisse in möglichst blumigen Worten zu schildern. Kommen genug schöne Geschichten von nächtlichen Wirrungen und Irrungen zusammen, reiche ich sie zusammen mit obiger wissenschaftlicher Veröffentlichung beim Ig-Nobelausschuss ein.

R. S. Friedman | D. M. McCarthy | J. Förster | M. Denzler (2005), »Automatic effects of alcohol cues on sexual attraction«. In: *Addiction*, Nr. 100, S. 672–681.

SCHÖNE PROFESSOREN LEHREN BESSER

Dass Hühner symmetrische Gesichter von Menschen bevorzugen, wissen Sie spätestens nach der Lektüre der *Lachenden Wissenschaft* oder als Fan des Frühstücksfernsehens (Experiment mit lebenden Hühnern und Barbies am 9. Januar 2007, siehe Fotos).

Auch Lehrende finden angesichts der Flut junger Menschen mit evolutionär günstiger hip-to-waist ratio ihre Altersgenossen auf einmal wenig attraktiv. Denn eine schlanke Hüfte signalisiert bei Frauen, dass diese »unverbraucht und von mir demnächst erstgebärend« ist; bei Männern (Sixpack!), dass sie sportlich sind und daher Dinos erlegen und Beeren ranschaffen.

Doch auch Studierende mögen besser aussehende Dozenten lieber als verkauzte Zausel. Zumindest geben sie ihnen in Umfragen zur Qualität der Lehre bessere Noten. Das ist nicht nur in den USA so, sondern auch an der Universität Köln. Dort ermittelten die Soziologen Markus Klein und Ulrich Rosar in 700 Lehrveranstaltungen, dass auch im Rheinland »schön gleich klug« ist. Die getesteten Dozenten wurden dazu fotografiert und von Externen erst einmal »ästhetisch eingestuft«. Ergebnis: »Für jeden Sprung in der Attraktivitätsskala (0 bis 6) erhielt der Dozent durch-

Vorbereitung des Huhns für den Schönheitstest, rechts der Bauer und Hühnerbesitzer, der seinen Liebling nicht aus den Augen lässt.

Das Huhn ist wählerischer, als wir dachten.

schnittlich einen Zehntelpunkt für die Lehre gutgeschrieben«, berichtete sogar die *Frankfurter Allgemeine* mit Staunen.

Schon höre ich den Aufschrei aller schlecht bewerteten Lehrenden: »Da sieht man es! Diese blöden Studentenumfragen zeigen doch nur, welcher Lehrende eloquent, cool und wohlgestaltet ist, aber nicht, ob er wirklich etwas kann!«

Wenn es nur das wäre ... Die Wahrheit ist leider noch viel schlimmer. Studierende finden nicht nur das Äußere, sondern auch den Dienstrang des Dozenten, die Kursgröße, den Veranstaltungstermin und die Fachrichtung deutlich mehr oder eben auch deutlich weniger heiß. Wer also montags um acht Uhr vor 900 Leuten Physikalische Chemie lehrt, kann möglicherweise bei den Jüngeren nie etwas reißen – selbst wenn er aussieht wie George Clooney oder Ehemann der Kanzlerin ist (falls das als hoher Dienstrang zählt)[3].

IG-GESAMTNOTE: Die Untersuchung beweist, dass gut aussehende Lehrende von den Studierenden bessere Noten erhalten können als ihre weniger perfekt gestalteten Kollegen aus demselben Fachbereich. Nun muss aber geklärt werden, ob die Schönlinge wirklich fachlich besser sind (beispielsweise, weil sie mehr gemocht und gefördert werden), oder ob sie objektiv weniger können, weil sie sich nicht so anstrengen müssen als ihre buckligen Fakultätsgenossen. Versuchspersonen melden sich bitte beim Autor, der dann zusammen mit Prof. Birgit

---

3 Der Ehemann der ehemaligen Kanzlerin ist Professor für Physikalische Chemie.

Liss in verschiedenen Maskeraden Probevorlesungen
hält. Alaaf!

M. Klein | U. Rosar (2006), »Das Auge hört mit! Der Einfluss der physischen
Attraktivität des Lehrpersonals auf die studentische Evaluation von Lehrveranstaltungen – eine empirische Analyse am Beispiel der Wirtschafts-
und Sozialwissenschaftlichen Fakultät der Universität zu Köln«. In: *Zeitschrift für Soziologie*, Nr. 35, S. 305–316.

Abb. Lisa Fuß.

VERSTÄNDLICHE WISSENSCHAFT

Warum kann die Attraktivität des Lehrpersonals die Bewertung seiner Lehrveranstaltungen beeinflussen?

Fragen Sie sich auch, warum erwachsene Menschen ein Schwimmbad mit Gelee füllen, Fischen Blues vorspielen und testen, ob gut aussehende Professoren von den Studierenden mehr oder weniger gemocht werden? »Toll, was mit unseren Steuergeldern so passiert!«, »Haben die kein Zuhause?« und »Ist das nicht alles total egal?«, sind drei der häufigeren Reaktionen auf derartige Betätigungen.

Dabei stecken hinter diesen meist sehr mühevollen Arbeiten spannende und grundsätzliche Fragen. Jeder kann sich darüber freuen, dass sie einmal bearbeitet und teils sogar gelöst werden, denn sie haben nicht nur einen praktischen Nutzen (Fische: Zuchtverbesserung → preiswertes Fischbrötchen; Schwimmbad → olympisches Training; Professoren → weniger Ärger, wenn man bei Umfragen eine schlechtere Note als andere erhält). Es steckt aber auch grundsätzlich und über das jeweilige Thema hinausweisendes Gutes dahinter, nämlich die wissenschaftlichen Grundannahmen,

a) dass man alles testen soll,

b dass man Dinge, die man nicht testen kann, eben nicht testen kann (Beispiel: »Gibt es Gott?«),

c) dass man daher privat glauben kann, was man will,

d) dass man Dinge, die man nicht prüfen kann, wenigstens richtig und ohne Wertung beschreiben sollte,

e) dass man über die eigene Forschung durchaus auch mal lachen darf.

Das sollen und dürfen natürlich auch Sie. Oder, mit den Worten unseres Chefs Marc Abrahams: »Erst lachen, dann denken.«

Damit Sie mir glauben, dass Forscher wirklich nicht aus unsinnigen Launen heraus arbeiten, sondern sich vor und nach den Experimenten eine schweinemäßige Arbeit machen, mit Kollegen diskutieren und streiten und zudem auch noch Berge von Literatur zu ihrem Thema kennen (und lesen) müssen, möchte ich Ihnen die Erklärung zur Arbeit der beiden Dozentenforscher – die selbst Dozenten sind – aus Köln vorstellen.

Im Originaltext stecken alleine im folgenden Auszug noch vierzig Verweise auf Arbeiten von Kollegen, die ich der Lesbarkeit halber weggelassen habe. Ein großes Dankeschön an Ulrich Rosar und Markus Klein, die mir erlaubt haben, ihren sehr verständlich verfassten Text im Folgenden abzudrucken.

Warum kann die Attraktivität des Lehrpersonals die Bewertung seiner Lehrveranstaltungen beeinflussen?
Den Ausgangspunkt der sozialpsychologischen Attraktivitätsforschung stellt der sogenannte Attraktivitätskonsens dar. Mit diesem Begriff wird die Tatsache bezeichnet, dass es bei der Bewertung der Attraktivität

eines bestimmten Menschen einen sehr hohen Konsens zwischen verschiedenen Urteilern gibt. Attraktivität liegt demzufolge nicht ausschließlich oder auch nur vorrangig im Auge des Betrachters, sondern ist vielmehr ein Merkmal der zu bewertenden Person, das relativ eindeutig bestimmt werden kann.

Der Grund für dieses hohe Maß an Übereinstimmung in der Attraktivitätsbewertung liegt in der evolutionsbiologischen Verankerung von Attraktivitätsurteilen. Als attraktiv werden, folgt man der Evolutionsbiologie, Menschen beurteilt, die einen hohen Erfolg bei der Zeugung und Aufzucht von Nachwuchs im Rahmen gemischt geschlechtlicher Partnerschaften versprechen.

Als attraktiv gelten folglich Frauen, die über körperliche Merkmale verfügen, die auf Jugend, Gesundheit und Gebärfähigkeit hindeuten. Attraktive Männer hingegen verfügen über Merkmale, die reife, Dominanz und Status signalisieren.

Diese Merkmale werden nicht nur bei der Bewertung von Angehörigen des jeweils anderen Geschlechts zugrunde gelegt. Auch untereinander bewerten Männer wie Frauen ihre Attraktivität jeweils nach diesen Kriterien. Als Grund dafür gilt die sogenannte intrasexuelle Selektion, also die Konkurrenz um möglichst hochwertige Geschlechtspartner; diese lässt die genannten Merkmale zu zentralen Vergleichsmaßstäben auch innerhalb des eigenen Geschlechts werden. Neuere Forschungsergebnisse deuten außerdem darauf hin, dass sich Attraktivitätsstandards auch zwischen hetero- und homosexuellen Personen nicht wesentlich unterscheiden.

Fasst man die bisherigen Ausführungen zusammen, so steht physische Attraktivität ein Maß für den Partnerwert dar, über das aufgrund der evolutionsbiologischen Programmierung des Menschen ein hoher Konsens besteht. Vor diesem Hintergrund ist es nicht überraschend, dass der physischen Attraktivität eine enorme Bedeutung bei der Analyse von Paarbildungsprozessen zukommt.

Erklärungsbedürftig ist dagegen, warum die physische Attraktivität auch in anderen Lebensbereichen Wirkung entfaltet.

Hierfür gelten drei zentrale Mechanismen als verantwortlich: Zunächst gilt, dass attraktive Menschen in besonderem Maße die Aufmerksamkeit ihrer Umwelt auf sich ziehen. Dies kann bereits bei Versuchen mit Babys gezeigt werden, die das Foto eines attraktiven Menschen deutlich länger fixieren als das zeitgleich präsentierte Foto eines unattraktiven Menschen.

Darüber hinaus werden attraktive Menschen besser behandelt als unattraktive Menschen. Auch dieser Effekt zeigt sich schon bei Kindern: Attraktive Kinder erfahren von ihrer Umwelt deutlich mehr Zuwendung und Unterstützung. Dies geht so weit, dass attraktiven Menschen sogar sozial unerwünschte Verhaltensweisen eher nachgesehen werden als unattraktiven.

Schließlich wird attraktiven Menschen auch eine ganze Reihe vorteilhafter Persönlichkeitseigenschaften zugeschrieben. Sie gelten in der regel als sozial verträglich, gesellig, intelligent, psychisch und physisch gesund, selbstsicher, stark und kompetent. Dieser *Attrak-*

tivitäts-Stereotyp wird zuweilen mit der Formel »What is beautiful is good« umschrieben.

Betrachtet man die eben beschriebenen Mechanismen in der Zusammenschau, dann kann es nicht überraschen, dass attraktive Menschen auch in vielen anderen Lebensbereichen als der Partnerwahl Wettbewerbsvorteile gegenüber unattraktiven Menschen haben.

So ist insbesondere gezeigt worden, dass attraktive Menschen berufliche Vorteile haben, höhere Einkommen erzielen, weniger häufig kriminell werden, vor Gericht mildere Urteile erfahren und auch bei politischen Wahlen besser abschneiden. Der Befund, dass die Lehrveranstaltungen attraktiver Dozenten besser beurteilt werden als die Lehrveranstaltungen ihrer weniger ansehnlichen Kollegen, ist damit zunächst nur ein weiterer Mosaikstein in einem übergreifenden Bild.

Gleichwohl ist es wichtig, einen genaueren Blick auf die Mechanismen zu werfen, die zu einer besseren Evaluation der Lehrveranstaltungen attraktiver Dozenten führen können. Manche dieser Mechanismen bewirken nämlich einen wirklichen Produktivitätsvorteil attraktiver Dozenten, während andere schlicht eine Diskriminierung unattraktiver Dozenten darstellen.

In die erste Kategorie fällt die höhere Aufmerksamkeit, die attraktiven Dozenten von ihren Studenten zuteil wird. Diese kann zu einer realen Verbesserung der Qualität der Lernsituation beitragen. Auch mögen attraktive Dozenten infolge des Umstands, dass sie Zeit ihres Lebens besser behandelt wurden und erfolgreicher waren, mit größerem Selbstbewusstsein auftreten, was sich ebenfalls positiv auf die Qualität der akademischen Lehre auswirken könnte.

Zudem finden sich in der Literatur Indizien dafür, dass attraktive Menschen eine höhere akademische Leistungsfähigkeit besitzen: Demnach wird ihnen seit dem frühen Kindesalter aufgrund ihrer Attraktivität eine höhere Intelligenz zugeschrieben, was eine stärkere Aufmerksamkeit und Zuwendung vonseiten ihrer Lehrer und Dozenten nach sich zieht und im Ergebnis in eine höhere akademische Kompetenz mündet.

Nicht auszuschließen ist aber auch, dass attraktive Dozenten im Rahmen der Lehrevaluation von den Studierenden einfach nur besser behandelt werden als ihre unattraktiven Kollegen und ihre Lehrveranstaltungen allein aus diesem Grund bessere Noten bekommen.

Auch könnten die besseren Eigenschaftszuschreibungen, die attraktive Dozenten gemäß des Attraktivitäts-Stereotyps auf sich ziehen, eine bessere Bewertung ihrer Lehrveranstaltungen verursachen, ohne dass diese Zuschreibungen einen realen Hintergrund aufweisen oder die Lehrsituation objektiv verbessern.

Aufgrund des Glamoureffekts könnte es schließlich sogar sein, dass attraktiven Dozenten eine mangelnde Vorbereitung, mangelndes didaktisches Geschick und mangelndes Engagement eher nachgesehen wird. Sie könnten dann für objektiv schlechtere Lehrveranstaltungen die gleiche oder gar eine bessere Bewertung erhalten als ihre unattraktiven Kollegen.

M. Klein | U. Rosar (2006), »Das Auge hört mit! Der Einfluss der physischen Attraktivität des Lehrpersonals auf die studentische Evaluation von Lehrveranstaltungen – eine empirische Analyse am Beispiel der Wirtschafts- und Sozialwissenschaftlichen Fakultät der Universität zu Köln«. In: *Zeitschrift für Soziologie*, Nr. 35, S. 305–316.M. Klein, U. Rosar (2006), »Das Auge hört mit! Der Einfluss der physischen Attraktivität des Lehrpersonals auf die studentische Evaluation von Lehrveranstaltungen – eine empirische Analyse am Beispiel der Wirtschafts- und Sozialwissenschaftlichen Fakultät der Universität zu Köln«. In: Zeitschrift für Soziologie, Nr. 35, S. 305–316.

DER NAME STEUERT DAS LEBEN
(UND DEN BALL)

Das folgende Paper* bereitet mir seit Monaten schlaflose Mittage, weil eigentlich nicht sein kann, was darin steht: Die Anfangsbuchstaben unserer Namen steuern unser Leben. Wie Sie dem Vorwort dieses Buches entnehmen können, lache ich Pseudowissenschaftler normalerweise nur freundlich an und streite nicht mit ihnen, weil es über Glauben eben nichts zu streiten gibt. Ob Sie an das Spaghettimonster, Buddha, Gott oder Mohammed glauben, geht mich nichts an.

Und nun kommen Leif Nelson (Universität Kalifornien und New York University) und Joseph Simmons (Universität Yale) mit einer riesigen Stichprobe* daher, die in völlig verschiedenen Bereichen des Lebens zeigt, dass wir unsere Namen so sehr mögen, dass wir uns der Macht der darin vorkommenden Buchstaben nicht entziehen können. Der erste Teil dieser Aussage war schon 1987 von Jozef Nuttin (Universität Leuven) entdeckt worden, als er Probanden bat, aus zwölf Sprachen die sechs ihnen am schönsten erscheinenden Buchstaben auszusuchen. Heraus kam, dass die Buchstaben des eigenen Namens besonders oft gewählt wurden.

»Diese Erscheinung nennen wir ›Name-Letter-Effect‹«, erklären die Marketing-Wissenschaftler Nelson und Simmons. »Die Erscheinung ist so stark, dass Leben und Partnerschaft davon deutlich beeinflusst werden. Tobias wird sich beispielsweise viel eher einen Toyota kaufen, nach Trier ziehen und Tanja heiraten, als Jan, der sich eher einen Jaguar kaufen, Jutta heiraten und nach Jülich ziehen wird.

Weil wir uns an unseren Universitäten mit den Kaufentscheidungen von Verbrauchern beschäftigen, interessierte uns nun, ob die überzufälligen Buchstabengleichheiten auch dann messbar sind, wenn wir mehr abseits liegende Lebensbereiche untersuchen, und ob sie aus einem echten, unbewussten Verlangen stammen oder aus der Bierlaune einiger Spaßvögel.«

Zwar sind sich alle Forschungsgruppen, die sich seit 2001 mit diesem Thema beschäftigen, darüber einig, dass es sich bei der Namensliebe um eingebauten Egoismus handelt. Das heißt: Wir mögen unseren Namen deshalb, weil wir uns selbst einfach toll finden und für wertvoll halten.

Dafür gibt es einige gute Belege. Beispielsweise wählen Menschen besonders gerne Dinge oder Personen mit Namen, die ihren eigenen ähneln, wenn sie sich schnell und ohne Nachdenken entscheiden müssen. ES scheint sich also bei der Buchstabenneigung um eine tief im Geist verankerte Eigenschaft zu handeln, die deshalb auch kein langes Grübeln erfordert.

»Das heißt aber nicht«, so die Kollegen, »dass Jan nicht trotzdem mit Absicht nach Jülich zieht. Nur weil sein Unterbewusstsein ihm diese Möglichkeit vorschlägt, muss er sie ja noch lange nicht nur aus diesem Grund durchführen.«

Um herauszufinden, was die Menschen zu Sklaven ihrer von den Vorfahren geerbten und zugewiesenen Buchstaben macht, wählten die Forscher daher Lebensbereiche, in denen man sich erstens sehr anstrengt und das Unterbewusstsein daher eigentlich keine Rolle spielen sollte, und in denen zweitens die guten wie auch die schlechten Ereignisse von vornherein an einen Buchstaben gekoppelt sind. »Um es gleich vorwegzunehmen: Die untersuchten Personen hingen so an ihrem Namen, dass sie dafür sogar Misserfolge in Kauf nahmen«, erklären die Kollegen. »Der eigene Name sabotiert also, ja nach Aufgabe, den eigenen Erfolg.«

Als erstes Untersuchungsgebiet wählten die Forscher den US-amerikanischen Nationalsport Baseball. Die Regeln dieses Sports sind den meisten Europäern auch mit geduldigstem Erklären nicht begreiflich zu machen; sie erinnern an eine stark verkomplizierte Form des Spiels »Brennball«. Wichtig ist für die Buchstabenstudie ohnehin nur, dass ein Spieler (mit dem bekannten keulenförmigen Baseballschläger) für seine Mannschaft einen Nachteil bewirkt, wenn er dreimal den Ball verfehlt. Dieses Ereignis heißt »Strikeout« und wird allgemein mit dem Buchstaben »k« abgekürzt.

Weil die Begeisterung der US-Amerikaner für Baseball keine Grenzen kennt, gibt es wie beim Fußball in Deutschland Listen, in denen jeder jemals stattgefundene Strikeout, zumindest aus der obersten Liga, aufgezeichnet ist. Die Kollegen Nelson und Simmons nahmen sich daher alle Strikeouts von 1913 bis 2006 vor und ordneten sie 6397 Spielern zu, die jeweils mehr als hundert Einsätze gespielt hatten. Und wirklich: Denjenigen professionellen Baseballspielern, deren Namen mit k begannen, unterliefen 1,6 Prozent mehr Strikeouts als den Spielern mit anderen Initialen (18,8 vs. 17,2 Prozent; $p^* = 0,002$).

»Es gab natürlich in jedem Jahr verschieden viele Spieler, deren Name mit k begann«, sagen die Forscher, »und es gibt in letzter Zeit auch immer mehr Strikeouts. Die Spieler kamen zudem aus verschiedenen Ländern (insgesamt 52), in denen die Namensgebung anders als in den USA ist. Aber selbst wenn man all diese Einwirkungen rechnerisch einfließen lässt, bleibt es dabei: Wessen Vor- oder Nachname mit dem Buchstaben k begann, kassierte mehr Strikeouts als alle anderen Spieler.

Wir erklären uns das so, dass Menschen, die ein k im Namen tragen, weniger Angst vor einem Strikeout und dem damit einhergehenden Eintrag in die k-Liste haben als andere Menschen.« In einem Satz: Das Initial von Menschen, deren Name also mit k beginnt, senkt die Furcht vor dem Versagen – aber nur, wenn die Fehlleistung auch ein k nach sich zieht. Bei anderen Buchstaben wirkt diese Unempfindlichkeit nicht.

»Natürlich kam uns das Ganze komisch vor, und wir wechselten daher das Leistungsgebiet: Anstelle von Sport schauten wir uns nun die Noten von Studenten an.« Diese werden in den USA anhand von Buchstaben vergeben. Die europäische Bestnote »eins« (sehr gut) entspricht in den USA dem Buchstaben A, eine »zwei« (gut) ist ein B, eine »drei« (befriedigend) ein C und die Schulnote »vier« (ausreichend) entspricht einem D.

»Wir wollten nun sehen«, so Nelson und Simmons, »ob Studenten, deren Namen mit einem C oder D beginnen, weniger Angst vor schlechten Noten haben und daher weniger Zeit und Energie aufwenden, um diese schlechteren Noten zu vermeiden.« Um eine möglichst große Stichprobe zu erhalten, wurden daher die Noten aller Studierenden eines

Programmes aus den Jahren 1990 bis 2004 mit deren Herkunft (südostasiatisch, kaukasisch, afroamerikanisch, hispanisch, indisch und »andere«), Geschlecht und natürlich ihren Initialen verbunden.

Herausgesucht wurden sodann alle Studenten, die sowohl einen »guten« als auch einen »schlechten« Anfangsbuchstaben im Namen hatten (beispielsweise Amelie Cartwright). Alle, die mit den Buchstaben E, F, G ... Z begannen, wurden in die Gruppe »andere Buchstaben als A bis D« gesteckt.

Erneut zeigte sich die Wirkung der Initialen. Studierende, deren Namen mit C oder D begannen, hatten im Schnitt immer die schlechteren Noten – nämlich »C« oder »D« ($p^* = 0{,}001$).

»Wir fragten uns nun, ob wir wirklich zeigen könnten, dass die schlechteren Studenten einfach furchtloser vor Cs und Ds und nicht bloß die besseren Studenten fleißiger waren«, legen die Forscher nach. »Dazu ermittelten wir die Durchschnittsnoten aller Studierenden, deren Namen mit E bis Z begannen. Sie hatten genau denselben Notendurchschnitt wie diejenigen, die ein A oder B als Anfangsbuchstabe trugen.

Unterschiede gab es wirklich nur bei den Studierenden, deren Namen mit C und D begannen. Nur sie schnitten im Durchschnitt schlechter als alle anderen ab.

Obwohl alle Studenten unseres Fachbereiches sehr genau wissen, dass sie mit guten Noten bessere Arbeitsplätze erhalten, mochten die C- und D-ler ihre Anfangsbuchstaben offenbar so sehr, dass sie die beiden weniger gute Noten C und D eher in Kauf nahmen als die anderen Studierenden.«

Dies wäre der Moment, in dem ein normaler Mensch den Kopf gegen Wand schlagen oder die ganze Sache veröffentlichen würde. Nicht so die Kollegen – sie fragten sich nämlich nun, wer genau eigentlich den mittlerweile unbestreitbaren Namenseinfluss erzeugt. Sind es wirklich die Baseballspieler und Studierenden, die keine Angst von den Buchstaben C, D oder k haben? Oder sind es stattdessen die Schiedsrichter und Lehrenden, die unterbewusst einen Strikeout (k) eher dann vergeben, wenn der Spielername mit k beginnt beziehungsweise als Professoren häufiger ein C oder D vergeben, wenn die Studenten-Initialen ebenso auf C oder D lauten?

Dazu schnappten sich die Untersuchungsleiter 294 Studienanfänger und ließen an einem Computer noch einmal den Geist der Versuche von Jozef Nuttin aufleben. Um die Studierenden zusammenzutrommeln, genügte es, 50 Dollar auszuloben, die unter den Teilnehmern verlost wurden.

Die Studenten mussten jedem Buchstaben des Alphabets einen Wert zuordnen, der ihre Wertschätzung ausdrückte. Die Maßeinteilung reichte von »eins (mir sehr unangenehmer Buchstabe)« bis »neun (Spitzen-Buchstabe)«. Danach folgte ein kleiner Wissenstest.

Mit diesem Test verfeinerte sich nun die Kenntnis über die Buchstabenliebhaberei stark. Es entstanden nämlich zwei Gruppen:

- Von den Studierenden, die ihre eigenen Initialen mochten, erzielten wieder diejenigen häufiger die Noten C oder D, deren Namen mit C oder D begannen.
- Hatten die Studierenden mit einem C oder D im Namen aber ihre eigenen Initialen als unschön und wenig

angenehm bewertet, so schnitten sie nun auf einmal besser ab – und zwar so viel besser, dass sie sogar ihre Mitstudierenden überrundeten, deren Namen mit A oder B begannen ($p < 0,02$).

Spätestens jetzt dürften jedem Naturwissenschaftler die Haare zu Berge stehen. Doch es kommt noch besser.

»Wir durchsuchten nun die Datenbank, in der alle US-amerikanischen Rechtsanwälte gespeichert sind«, so die Forscher. »Weil in dieser Datenbank der Standesvertretung sowohl die Namen der Anwälte – und damit auch ihre Initialen – als auch die Universitäten, an denen sie studiert haben, enthalten sind, verglichen wir nun, ob sich Menschen je nach Initialen vielleicht auch noch bevorzugt eine dazu passende Universität suchen.

Dabei geht es aber nicht um den Namen der Ausbildungsstätte, sondern um deren Güte. Auch hierfür lagen uns umfangreiche Daten vor, sodass jede Universität nun eine Note von A bis D erhielt.

Wir glichen also die Daten von 392.458 Anwälten mit 170 Ausbildungsstätten ab. Erneut zeigte sich der Einfluss des Namens: Je schlechter die Universität war, desto weniger Anwälte mit den Initialen A und B hatten sie besucht ($p = 0,036$). Das passte mit dem zusammen, was wir schon kannten: Wer Adlai oder Bill heißt, geht auf eine Universität, die den besseren Noten A und B entspricht, während Chester und Dwight auf die schlechteren Unis gehen, die in Bewertungen die Noten C und D erhalten.«

Es wundert die Leser daher wohl auch nicht mehr, dass von 284 Freiwilligen, die am Bildschirm danach zehn Rätsel lösen sollten, immer die am schlechtesten abschnitten, denen die Möglichkeit gegeben wurde, auf einen Abbruch-Knopf zu drücken, der mit dem ersten Buchstaben ihres Vornamens beschriftet war.

»Natürlich will der Profisportler Klaus bewusst keinen für ihn und seine Mannschaft nachteiligen Strikeout bewirken, und natürlich will Daniel mit Absicht keine »vier« (also ein D) schreiben. Dennoch haben wir gezeigt, dass das Unterbewusstsein die bewussten Wünsche, wenn auch nicht zwingend, so doch regelmäßig unterwandert – und das nur, weil man seine eigenen Initialen meist mehr mag als die der anderen.«

IG-GESAMTNOTE: Unglaublich, aber dennoch nach so vielen Versuchen unbestreitbar wahr. Das Ganze gilt übrigens auch für Berufs- und Ortsvorlieben etc. (Daniel, der Dentist aus Düsseldorf). Noch nicht untersucht ist, ob Professoren mit den entsprechenden Initialen generell gerne die dazu passenden Noten vergeben, Prof. Benecke also eher ein B, Dr. Cramerling hingegen lieber ein C. Wie gut, dass wir dieses Problem im deutschsprachigen Raum aber eh nicht haben, weil hier nur Zahlen und Worte zur Bewertung verwendet werden.
Apropos, jetzt geht es an die anderen Buchstaben: Ich habe schon das Telefonbuch zur Hand und sehe dort eine Pina Fechner, die Hagen Hantusch geheiratet hat und in der Würmstraße in Nildrizhausen wohnt. Was hat das nun wieder zu bedeuten?
P.S.: Wer mir beweist, dass hier ein Storchproblem* vor-

liegt, erhält umgehend fünfzig Dollar und ein leckeres Kistchen deutschen (»d«!) Sekt von mir.

L. D. Nelson | J. P. Simmons (2007), »Moniker maladies: When names sabotage success«. In: *Psychological Science*, Nr. 18, S. 1106–1112.

J. M. Nuttin (1987), »Affective consequences of mere ownership: The name letter effect in twelve European languages«. In: *European Journal of Social Psychology*, Nr. 15, S. 381–402.

B. W Pelham | M. C. Mirenberg | J. K. Jones (2002), »Why Susie sells seashells by the seashore: Implicit egotism and major life decisions«. In: *Journal of Personality and Social Psychology*, Nr. 82, S. 469–487.

ZITRONENBIER

Mit Verwunderung und Neugier wurde vor einigen Jahren das in der Mini-Brauerei um die Ecke angebotene Bananen-Weißbier von der – in Bierdingen überkritischen – Bevölkerung meines Wohnviertels zunächst nur vorsichtig, dann aber immer öfter verkostet. Als Arndt Leike schließlich den exponentiellen Zerfall von Bierschäumen ausführlich dar-

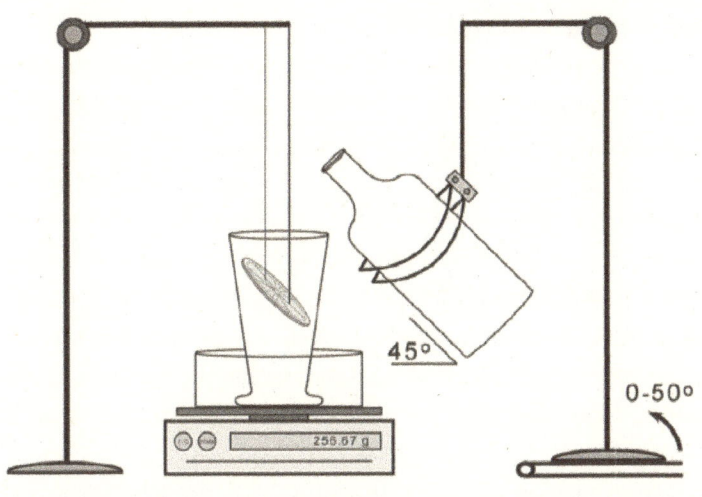

45°

0-50°

256.67 g

Versuchsaufbau von Franke und Beuckmann zur Ermittlung des optimalen Biereinschenkwinkels.   *Abb. Helmut Franke & Carsten Beuckmann.*

stellte, waren wir überzeugt, damit die letzten Geheimnisse vor allem obergäriger Getränke zu kennen. Doch es ging weiter. An der Forschungsfront tobte zuletzt der Streit, wie Weizenbier richtig über eine Zitronenscheibe eingegossen wird, die das Überschäumen mildern soll.

Zur Klärung taten sich der Chemiker Helmut Franke von der Uni Münster (Abt. Neurologie) mit Carsten Beuckmann (Tsukuba, Japan) zusammen und brachte das an einem Galgen im Glas hängende gelbe Obststückchen ($\varnothing = 5$ mm) ins noch leere Glas. Der Winkel der Zitronenscheibe wurde durch Drähte fixiert.

Das Bier kam aus einer mittels Muffen und Klemmen ebenfalls angewinkelten Pulle, deren Inhalt sich dann kontrolliert über das delikate Obst entleerte. Natürlich stand darunter eine Feinwaage, um das Gewicht des Glases samt steigendem Pegel zu messen.

Ergebnis: Während bei einem Winkel von null Grad zwischen Zitronen- und Erdoberfläche 20,6 Prozent des Biervolumens über das Glas schäumten und damit ungenießbar wurden, erwies sich eine um 90 Grad gekippte Zitrone als unerwartet optimal: kein Überschäumen mehr. (Für Spezialisten: Der Winkel zwischen Glas- und Flaschenlot betrug beim kontrollierten, konstanten Ausgießen 45 bis 95 Grad und der Regressionkoeffizient übers Zitrönchen nach zweiter Polynomialregression 0,9846 bei einer Kurve $y = -0{,}0016 \times 2 - 0{,}0739x + 20{,}186$.)

Als Nebenbefund zeigte sich, dass ein zitroniger Grundton nur dann im Bier auftritt, wenn das Scheibchen vor dem Gießen schon im Glas oder am Galgen montiert ist. Eine rein dekorative, nachträgliche Zitronenzugabe bewirkt selt-

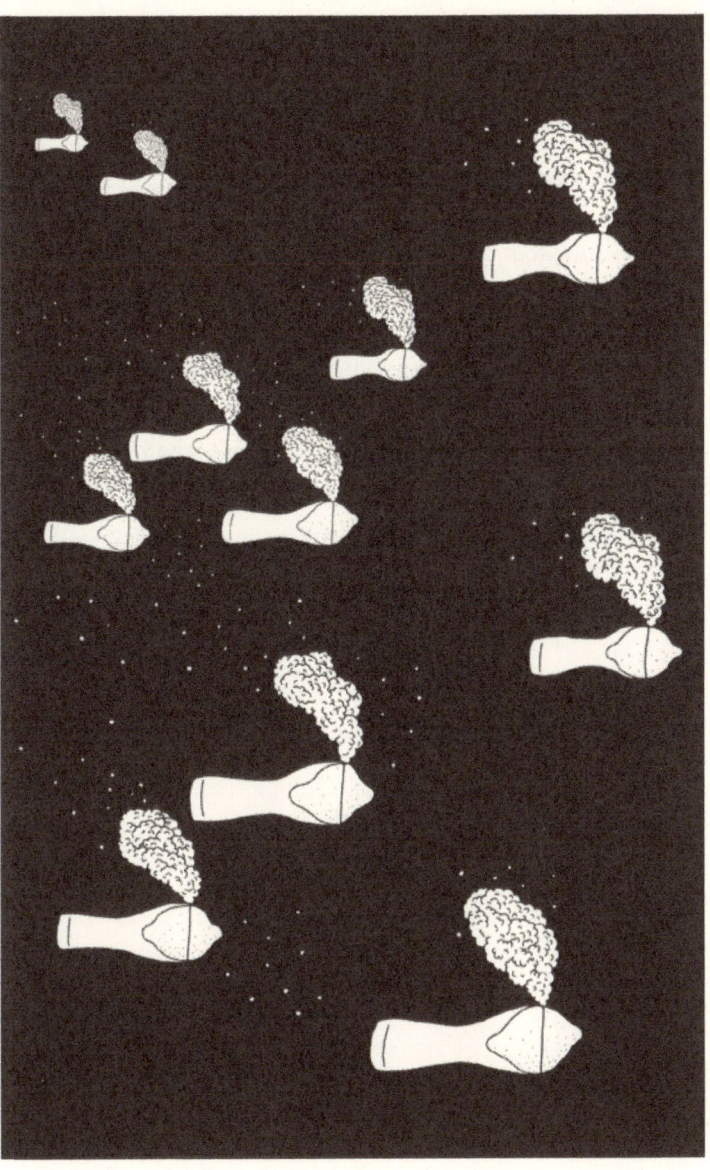

samerweise keine Geschmacksanreicherung ins Spritzig-Tropische.

IG-GESAMTNOTE: Totale Weißbier-Unkenntnis in der neuen Welt: Von allen Journals und dem US-Ig-Komitee trotz zweimaliger Einreichung gnadenlos abgeschmettert. Mir egal, ich weiß jetzt jedenfalls, wie ein Weißbier optimal eingeschenkt wird – und Sie auch.

P.S.: Hinweis für alle stets früh aufstehenden TAs* Alle Versuche wurden nach 20 Uhr durchgeführt. Es lohnt sich also, auch mal abends bei den kauzigen Wissenschaftlern reinzuschauen, und wenn's nur auf ein Bier ist.

H. Franke | C. T. Beuckmann (o.J.), The Art of Pouring. Unveröffentlichte Studie; pers. Mitteilung.

VERLIEBT ODER VERRÜCKT?

Liebe hat so weitreichende Folgen, dass die körperlichen Vorgänge, die sie steuern, schon sehr lange bestehen müssen«, stellen die großteils italienischen Autoren der folgenden Studie zu Recht fest. Das nahmen sie zum Anlass, um einen Botenstoff im Gehirn näher unter die Lupe zu nehmen, der so ziemlich alles bewirken kann, was Verliebte auszeichnet: Den Wunsch nach Nähe und Zuneigung, zwanghafte Verhaltenszüge und stark schwankende Launen. Oder weniger neutral ausgedrückt: Turteln mit rosaroter Brille, Küsschengeben und Handyterror.

»Wir überlegten uns«, so die Autoren, »dass man Menschen, die frisch verliebt sind, daher an einer veränderten Menge dieses Botenstoffes im Gehirn leicht erkennen müsste.« Also wurden 17 weibliche und drei männliche Medizinstudenten aus Pisa ausgewählt, die sich in den letzten sechs Monaten heftig verknallt hatten (und es nach eigenem Empfinden immer noch waren).

Ihnen gegenübergestellt wurden 20 Patienten, die unter Zwangsgedanken und -vorstellungen litten, beispielsweise dem Drang, alltägliche Dinge zu zählen (Straßenlampen, Gullideckel, Fenster) oder dauernd zu prüfen, ob die Herdplatte auch wirklich ausgeschaltet ist.

Die studentischen Versuchspersonen (VP) zeichneten sich dabei durch folgende Eigenschaften aus:

- noch nie wegen Stimmungsschwankungen in psychiatrischer Behandlung gewesen,
- seit »Kurzem« verliebt (höchstens sechs Monate),
- mindestens vier Stunden pro Tag an den aktuellen Schwarm denkend,
- nie seelisch verändernde Drogen benutzend.

Außerdem, und das war entscheidend, durften sie noch nie Geschlechtsverkehr mit dem neuen Partner gehabt haben.

Da die Versuchsleiter bereits ahnten, dass ihre verliebten Studenten sich im Test auffällig benehmen würden, stellten sie noch eine dritte Gruppe von 20 Menschen zusammen, die alle um die dreißig Jahre alt und körperlich und seelisch gesund waren. Sie stellten die Normalos dar, die weder zwangskrank noch verknallt waren.

Alle sechzig Probanden aus den drei Gruppen wurden sodann einem Test für Zwanghaftigkeit unterzogen (Yale Brown Obsessive-Compulsive Scale). Die Werte reichten dabei von null (völlig unauffällig) bis vierzig (außerordentlich starke Zwangspersönlichkeit).

Ergebnis: Während die Zwangspatienten im Schnitt »moderat, aber deutlich erkennbar« nicht von ihrem Thema lassen konnten (im Schnitt 19 von 40 Punkten), gelang das der dritten Gruppe ohne Probleme (im Schnitt nur zwei Punkte). Die verliebten Studierenden hingegen waren schon schwer auf dem Weg in den Wahn: Sie erreichten mit durchschnittlich acht Zwangspunkten immerhin die Zuordnung »mild zwanghaft«. Dafür schnitten sie in einem weiteren

Test aber besser als alle anderen ab: Die Verliebten waren am wenigsten niedergeschlagen – noch weniger als sogar die sonst total normale Gruppe.

»Die Ähnlichkeiten zwischen einer ausgewachsenen Besessenheit und den deutlich überbewerteten positiven Zügen der neuen Liebe, der man ja blind alles nachsieht, sind klar erkennbar«, erklären die Forscher. »Natürlich hat die starke Wahrnehmungseinschränkung ihren Sinn. Nur so besteht die Chance, sich an einen Partner zu binden und ihm treu zu sein, obwohl er wie jeder Mensch Macken hat.«

Als letzter Schritt wurde nun gemessen, ob die verblendeten unter den Probanden wirklich eine veränderte Menge des Nervenüberträgers (5-HT/Serotonin) aufwiesen. Nach einer morgendlichen Blutspende von 20 Millilitern wurden die Blutplättchen abgeschleudert, aufgelöst und dann auf ihren Gehalt an 5-HT untersucht. Dieser Blutbestandteil bewirkt in gesenkter Menge Verhaltensauffälligkeiten, macht also irre. Wie sich zeigte, fand sich bei den Psychiatriepatienten tatsächlich nur etwa die Hälfte des Überträgerstoffes. Untertroffen wurde diese Halbierung aber um noch einmal knappe zehn Prozent von – genau – den gerade rosarot Bebrillten.

»Man könnte uns zwar vorwerfen«, sagen die Kollegen, »dass unsere Wahl von Studierenden, die zwar verliebt waren, aber nicht mit dem neuen Partner ins Bett gingen, verbogen ist. Das sehen wir aber nicht so. Liebe ist doch ohne Sex nachweislich viel leidenschaftlicher – und den Grund dafür kennen wir jetzt auch. Es liegt an der Veränderung des 5-HT-Transporters.

Manchen Menschen gelingt es, den frisch verliebten Zustand mit damit einhergehender gedanklicher Einschränkung auf den Partner lange aufrechtzuerhalten. Da das Körperliche wegfällt, verallgemeinern und übersteigern sie die Liebe immer weiter und werden dann zu Dichtern oder schreiben Musik, die sie der geliebten Person widmen.

Wir haben also gezeigt«, fassen die Forscher zusammen, »dass verliebt sein ganz wörtlich und direkt bedeutet, nicht mehr normal zu sein. Dass gerade das 5-HT-Netzwerk dabei eine entscheidende Rolle spielt, ist eigentlich kein Wunder, denn es steuert ja auch sonst viele Verhaltensweisen und Abläufe im Körper, die dazu passen, darunter die Nahrungsaufnahme, Fortpflanzungstrieb, Süchte, Angst, Niedergeschlagenheit, Zwanghaftigkeit, Schmerz, Erregung und Schlaf.

Liebe ist im Grunde also ein begrenzter Wahn, der sich besonders durch Uneinsichtigkeit, also übertriebener Sicherheit in einer Sache auszeichnet. Aus der romantischen Entwicklungsstufe mit einem Mindestmaß an Einsicht kann so schnell der bekannte Eifersuchtswahn entstehen.«

Diese Tatsache bestätigt sich auch in neueren Experimenten. So vergessen romantisch Verliebte in Gedächtnistests beispielsweise leichter die Gesichtszüge von anziehenden Alternativlovern, die man ihnen anbietet. Auch hier kommt es nicht auf den Wunsch nach Sex an, sondern es genügt das reine Anhimmeln, um die Ausblendung des Anderen und die Einblendung des oder der Einen zu bewirken.

Zum Schluss die gute Nachricht: Wem Verliebtsein ab sofort zu gefährlich ist und wer daher lieber Abstand von romantischen Gefühlen halten will, um nicht den Verstand zu verlieren: Warten genügt. »Nach zwölf bis achtzehn Monaten steigt die Menge an 5-HT im Blut wieder messbar an«,

berichten die italienischen Kollegen. »So wie bei Patienten, die von ihren Zwangsvorstellungen geheilt werden, erreichen die Werte der nicht mehr frisch Verliebten dann wieder eine normale Stufe. Selbst unsere Teststudierenden wurden – zumindest in dieser Angelegenheit – wieder so normal wie alle anderen Menschen.«

IG-GESAMTNOTE: Man sollte als Nächstes eine Art Gegenspieler des Serotonins, den Botenstoff Dopamin, untersuchen: Seine veränderte Ausschüttung bewirkt, dass Menschen sich nach Neuem umsehen. Auch hier müsste die Menge bei romantisch Verliebten sinken und bei wilden Männern und Frauen steigen. Es gibt also noch viel zu tun. Freiwillige für die Rasselbande, die aus-

schweifen will, melden sich bitte bei mir, die Romantiker hingegen besser in Italien. Der Rest wird sich wie
von selbst ergeben.

D. Marazziti | H. S. Akiskal | A. Rossi | G. B. Cassano (1999), »Alteration of
the platelet serotonin transporter in romantic love«. In: *Psychological
Medicine*, Nr. 29, S. 741–745.

G. C. Gonzaga | M. G. Haselton | J. Smurda | M. S. Davies | J. C. Poore (2008),
»Love, desire, and the suppression of thoughts of romantic alternatives«.
In: *Evolution and Human Behavior*, Nr. 29, S. 119–126.

TISCHTANZENDE TRINKGELDER

Eine der sinnlosesten Erfindungen der Neuzeit ist der ins deutschsprachige nicht übersetzbare Lapdance. Hierbei »tanzt« eine Dame für Zuwendungen ab 15 Euro (preislich nach oben unbegrenzt) im Schoß eines Bar-»Gastes«. Obwohl ich – kein Witz – bereits in mehreren Städten, darunter Budapest (Blue Star Club), Huddersfield (Wildcats), Seattle (Deja Vu) und Stuttgart (Tahiti Bar), bei den Damen selbst nachgefragt habe, welchen Nutzen es haben soll, wenn sich ein bekleideter Mann in einen Stuhl lümmelt und auf ihm eine je nach eingesetztem Geldbetrag mehr oder weniger bekleidete Tänzerin räkelt, habe ich darauf keine Antwort erhalten. Vielleicht gibt es auch keinen, außer dem, dass sich Einsamkeit und Uncoolness von Kunden auf diese Art zügig in Bares verwandeln lassen.

Obwohl das schon irre genug ist, gibt es aber einen bizarren Trick, wie man den Betanzten noch viel mehr Geld aus der Tasche ziehen kann. Die Methode wurde von den Kollegen Miller, Tybur und Jordan von der Universität New Mexico entdeckt (oder zumindest erstmals wissenschaftlich dokumentiert) und funktioniert mit Abstand am besten, wenn die Tanzenden keine hormonellen Verhütungsmittel nehmen.

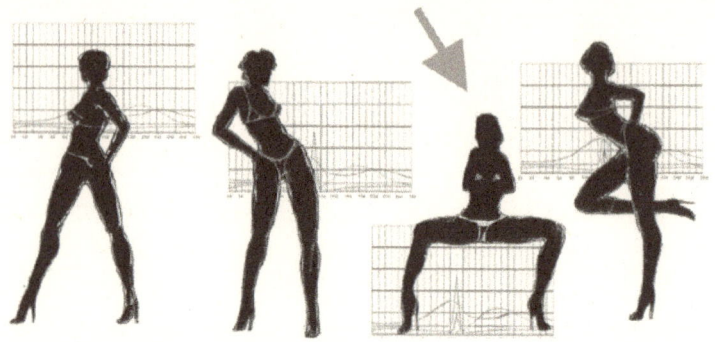

Nicht die Güte des Schoßtanzes, sondern der weibliche Zyklus entscheidet über das Einkommen der Tänzerin. *Abb. Lisa Fuß.*

Die drei Psychologen baten dazu 18 hauptberufliche Table- und Lapdancerinnen, zwei Monate lang ihr tägliches Einkommen, genauer gesagt, die von ihnen erwirtschafteten »Trinkgelder« sowie ihre Arbeitszeiten und den Stand des Menstruationszyklus' zu notieren. Nach 296 Tanzschichten mit insgesamt 5300 Schoßtänzen zeigte sich, dass es abhängig vom Zyklus zu erheblichen Einkommensunterschieden kam.

Verdienten die Tänzerinnen während der Menstruation im Schnitt 185 Dollar pro Fünf-Stunden-Schicht, so stieg das Einkommen während der zwar unfruchtbaren, aber nichtmenstruellen Zeit auf 260 Dollar, um während der fruchtbarsten sechs Tage um den Eisprung herum auf 335 Dollar zu explodieren.

Diese Erscheinung war bei Frauen, die hormonelle Verhütungsmittel nahmen, nicht zu bemerken. Genauer gesagt, sie verdienten immer gleich wenig, nämlich stets um 185 Dollar pro Schicht – die Steigerung des Einkommens während der fruchtbaren Zeit bleibt bei ihnen also völlig aus. Sie haben ja auch keine.

»Daran kann man erkennen«, so die Forscher, »dass bei der Höherentwicklung des Lebens auf der Erde nicht alle urtümlichen Eigenschaften verloren gingen oder zumindest unerkennbar wurden. Davon gehen zwar viele Forscher aus, weil sie meinen, dass die alten, sozusagen tierischen Reize sehr lange andauernden Paarbindungen entgegenstehen könnten. Das stimmt aber nicht, wie wir am Beispiel der Lapdancerinnen deutlich zeigen konnten.«

Zwar scheint diese dem vor allem dem körperlichen verhaftete Sichtweise politisch nicht sehr korrekt. Doch stehen die Kollegen mit ihren Forschungsergebnissen nicht allein: Beispielsweise fanden in den Jahren 2001 bis 2006 gleich drei Arbeitsgruppen heraus, dass Frauen kurz vor dem Eisprung und damit dem fruchtbarsten Zeitpunkt (das Sperma bleibt auch bei Menschen einige Tage in der Gebärmutter fruchtbar) nach Meinung von Männern am besten riechen. Außerdem haben Frauen während ihres Fruchtbarkeits-

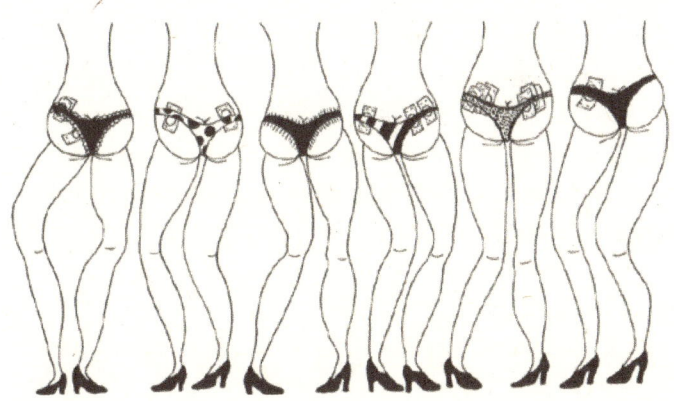

höhepunktes einen symmetrischeren Körperbau, ein für heterosexuelle Männer attraktiveres Gesicht und sprechen dann sowohl schöpferischer als auch fließender.

»Der große Unterschied zur Arbeit unserer Kollegen«, sagen Miller und seine Mitstreiter, »ist aber, dass wir anstelle von Laborversuchen in der freien Wildbahn, oder besser gesagt im echten Leben, arbeiten.«

Die Methode der direkten Befragung anstelle von Versuchen in Universitätslaboren setzt sich durch. Ebenfalls von der Universität New Mexico stammt beispielsweise eine Studie, in der sich zeigte, dass heterosexuelle Frauen immer dann am meisten unerwartete Handy-Anrufe (»Was machst Du gerade, Schatz?«) und Schutzverhalten (Wachsamkeit und Zuwendung) von ihrem Lover erhielten, wenn die Frauen sich in der fruchtbaren Zeit der Eireifung und des Eisprunges befanden.

»Damit ist deutlich gezeigt, dass der Östrus[*] für die männlichen Partner unbewusst wahrnehmbar ist und das

Verhalten beider Geschlechter beeinflusst«, erklären die Psychologen.

Doch damit zurück zu den Tänzerinnen. »Selbst steuern können die Frauen ihr Einkommen kaum – in unseren Versuchen mussten sie jeden Tag gegen die Konkurrenz von fünf bis dreißig »Rivalinnen« antanzen, um ihr Geld zu verdienen. Dass sie dennoch nur in der Zeit der höchsten Fruchtbarkeit eine Einkommensspitze erreichten, beweist, dass dieser Vorgang durch die männliche Nachfrage und nicht durch ein absichtlich steuerbares Verhalten der Frauen bewirkt wird.«

Wie genau die Signale an die Kunden gelangen, ist allerdings nach wie vor unbekannt. »Denn die im Klub sichtbaren Zeichen der Menstruation«, so die Forscher aus New Mexico, »lassen sich problemlos vertuschen. Da die Tänzerinnen ihre Höschen anlassen, können sie Tampons benutzen und diese in den zahlreichen Pausen jederzeit wechseln. Die Tänzerinnen in den hier untersuchten Bars in Albuquerque haben zudem oft Brust-Implantate, färben und rasieren sich die Haare und sind gut trainiert. Während des Tanzes auf der Bühne können sie nicht viel verdienen, da ihnen nur die Männer aus der ersten Reihe ein wenig Geld zustecken, was aber nur ein Zehntel ihres Einkommens ausmacht.

Es muss den Tänzerinnen daher gelingen, durch einen privaten Schoßtanz das eigentliche Einkommen zu erzielen. Da die Kunden, bevor sie sich einen ausführlichen Tanz gönnen, oft erst mehrere Tänzerinnen für etwa 14 Dollar probetanzen lassen, geht der Entscheidung für eine fruchtbare Tänzerin offenbar ein Mix aus sprachlichen, geruchlichen, Gefühls- und weiteren, äußerlichen Eindrücken voraus.

Diese gesamtheitliche Nähe ist ein großer Vorteil unseres Versuchsaufbaus – und damit vor allem der Methode des bloßen Fotovorlegens überlegen.«

»An der Tatsache, dass die Frauen auch während der Menstruation noch für Schoßtänze gebucht werden, kann man erkennen, dass eine gewisse Verschleierung der Fruchtbarkeit durchaus vorliegt«, so die psychologischen Kollegen. »Sie ist aber nicht perfekt, wie eben viele sexuelle Waffen nicht absolut wirken und kein Geschlecht in diesem Rennen je gewinnt.«

Die abgesehen von den albernen Lapdances verrückteste Entdeckung der Forscher war zugleich die am wenigsten erwartete. Obwohl zuvor von mehreren Forschungsgruppen Hunderte von Gesprächen mit Tischtänzerinnen durchgeführt worden waren, war keiner der Frauen jemals aufgefallen, wodurch ihre Trinkgeldschwankungen entstanden. Es bedurfte eines männlichen Psychologenteams ausgerechnet aus dem verschnarchten Albuquerque, das als eine der wenigen Zugnummern gerade einmal einen Heißluftballonwettbewerb bieten kann, um diese grundsätzlichen Informationen zum Gang des Lebens zu gewinnen, die einerseits ein gut brauchbares Berufsgeheimnis für Tänzerinnen darstellen, andererseits aber sogleich in ausgezeichneten wissenschaftlichen Zeitschriften veröffentlicht wurden.

Schlusswort der Autoren: »Nach unseren Beobachtungen gibt es für Tischtänzerinnen, da sie ihren Östrus nicht steuern können und derzeit noch unbekannt ist, welche Signale sie zu dieser Zeit so attraktiv machen, nur folgende Methode, um ihr Einkommen unabhängig vom Monatszyklus zu erhöhen: Sie müssen die Aufmerksamkeit auf betrunkene und leichtgläubige Verschwender richten und dafür die intelligenten, gut aussehenden und anspruchsvollen Herren am besten links liegen lassen.« Na dann: Gute Nacht.

IG-GESAMTNOTE: Ganz heißer Kandidat – erhielt kurz vor Erscheinen dieses Buches einen Ig-Nobelpreis. Prüfen Sie am besten selbst unter http://improbable.com, welchen Unsinn – denn der ist traditionell und vorprogrammiert – sich das Forscherteam für die nächste Preisverleihung im Oktober in Harvard ausdenkt ...

G. Miller | J. M. Tybur | B. D. Jordan (2007), »Ovulatory cycle effects on tip earnings by lap dancers: economic evidence for human estrus?«.
In: *Evolution and Human Behavior*, Nr. 28, S. 375–381.

S. C. Roberts | J. Havlicek | J. Flegr, M. Hruskova | A. C. Little | B. C. Jones u.a. (2004), »Female facial attractiveness increases during the fertile phase of the menstrual cycle«. In: *Proceedings of the Royal Society of London Series B*, Nr. 271(S5), S. S270–S272.

C. S. Symonds | P. Gallagher | J. M. Thompson | A. H. Young (2004), »Effects of the menstrual cycle on mood, neurocognitive and neuroendocrine function in healthy premenopausal women«. In: *Psychological Medicine*, Nr. 34, S. 93–102.

SCHOSSTANZGEFAHREN

Wie gut, dass mir das folgende Paper* erst nach Abschluss der Recherche für den vorigen Artikel »Tischtanzende Trinkgelder« in die Hände fiel: Schoßtänze sind nicht nur rätselhaft, sondern auch gefährlich[4]. Hier der dazu gehörige Fallbericht von James Roberts, Notarzt am Mercy Hospital in Philadelphia:

»Kürzlich tauchte in unserer Notaufnahme eine ansonsten und bislang gesunde 23-Jährige auf und bat um Hilfe, weil sie »schon wieder so eine Beule am Hintern« habe. Es handelte sich in der Tat um einen recht eindrucksvollen, etwa zwei Zentimeter durchmessenden Abszess an ihrem Oberschenkel, der von deutlich sichtbarer Orangenhaut umgeben war.

Die Patientin hatte Schwären wie diese nach eigenen Angaben öfters. Bis jetzt hatte sie die Eiterbeulen selbst aufgestochen oder mit keimtötenden Salben versucht, die Entzündungen zurückzudrängen. Weil es in ihrem Klub aber schon geradezu als Berufskrankheit galt, solche Hautveränderungen mit nach Hause zu nehmen, wandte sie sich nun an uns.

Wir prüften also, ob die Patientin vielleicht an Zuckerkrankheit, Aids oder anderen Schwächen des Im-

---

4 Schleierhaft sind Lapdances übrigens nicht nur mir, sondern auch meinen guten Freundinnen Saskia Reibe, Lisa Fuß und Katli Heuser, die mich bei der Stuhltanzrecherche an zweifelhaften Orten heldinnenhaft unterstützt und vor betrunkenen Frauenhorden mutig abgeschirmt haben.

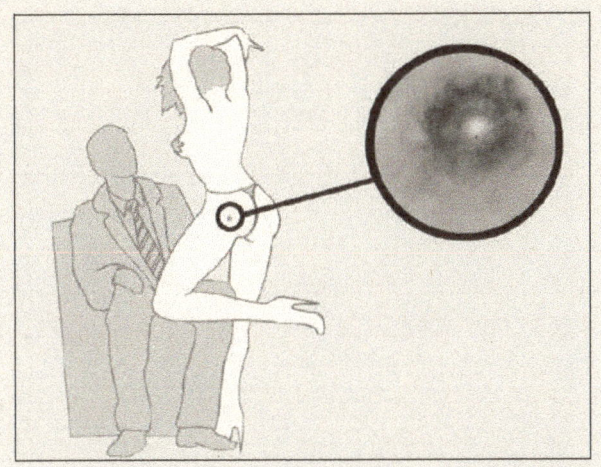

Achtung, Schoßtanz: Es drohen hässliche Flecken auf der Haut.

Abb. Lisa Fuß.

munsystems litt, was derartige Geschwüre ja erheblich begünstigen würde. Das war aber nicht der Fall.

Wie sich stattdessen herausstellte, arbeitete die Frau als »exotische Tänzerin«. Ihre Haut war darum – das heißt wegen der vielen Schoßtänze, die sie pro Abend leisten musste – sehr oft mit der nackten Haut von Kunden in enger Berührung.

Wir stachen der Frau also die Beule auf. Dabei und beim Ausräumen trat reichlich Eiter aus. Wir verschrieben ihr Bakterien tötende Tabletten, und als sie nach zwei Tagen zur Kontrolle wieder erschien, war die Entzündung auch wirklich zurückgegangen.

Derweil hatten wir Bakterienkulturen angelegt und festgestellt, dass der Erreger ein gegen Penizillin widerstandsfähiger Stamm von *Staphylococcus aureus* war.

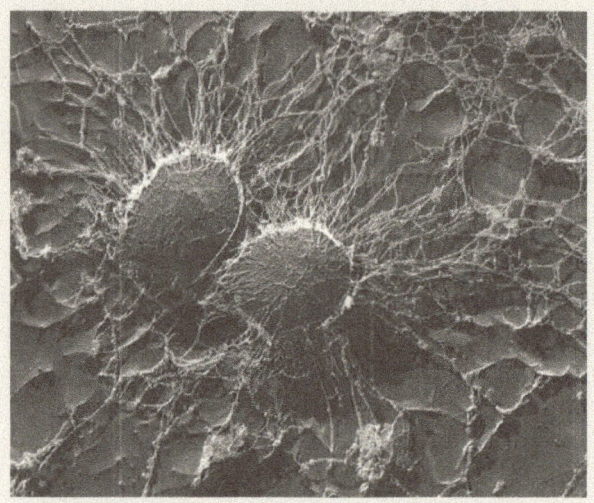

Das Bakterium der Hautreibenden: *Staphylococcus_aureus*.
(Rasterelektronenmikroskopische Aufnahme, 50.000-fach
vergrößert.)
Foto: Agricultural Research Service/United StatesDepartment of Agriculture.

Es handelt sich dabei nicht etwa um einen Einzelfall.
Ganz im Gegenteil: Die innerhalb von Gruppen weiter-
gegebenen, penizillinfesten Bakterienübertragungen
auf der Haut nehmen in letzter Zeit bei uns regelrecht
überhand. Wir sehen sie mittlerweile bei ansonsten völlig gesunden Häftlingen, Soldaten, Sportlern, Tätowierten und natürlich deren angehörigen.

Man könnte die ganze Sache für harmlos halten,
und deswegen liest man auch kaum Berichte darüber.
Gerade die widerstandsfähigen Bakterienstämme (CA-
MRSA) enthalten aber beispielsweise mecA- und Panton-
Valentin-Leukocidin-Exotoxin-Gene, die für besonders
fiese und schwer heilbare Entzündungen verantwortlich

sind. Obwohl wir bis jetzt gedacht hatten, dass Schoßtanzen zu den ungefährlichen Berufen gehört, wurden wir nun eines Besseren belehrt.

Seitdem achten wir verstärkt auf diese Art der Infektion. Prompt hatten wir kurz darauf den nächsten Fall, der genau gleich gelagert war. Wir gehen daher davon aus, dass ein Klubbesucher dieses Bakterium auf die Frauen überträgt. Was sie bis heute nicht wissen, ist, dass das Bakterium so schwer zu behandeln ist, dass man sich notfalls ins Krankenhaus einweisen lassen muss.

Obwohl wir ihr eine weitere Nachbehandlung anboten, und obwohl wir ihr gesagt hatten, dass sie ihre Kolleginnen zur Untersuchung mitbringen kann, hörten wir allerdings nie wieder etwas von unserer exotisch tanzenden Patientin.«

IG-GESAMTNOTE: Wieso eigentlich »nackte Haut«? Bei unseren Recherchen vor Ort blieben die Kunden immer angezogen. Vermutlich haben wir die falschen Tänzerinnen angesprochen. Wohl aus den üblichen Gründen der politischen Korrektheit kein Kandidat für den Ig-Nobelpreis, dafür aber großes Lob an den Kollegen, der nicht nur das Geschwür, sondern aus unbekannten Gründen auch die Orangenhaut der 23-jährigen Patientin genau dokumentiert hat.

J. R. Robert (2007), »Lap dancer's lament: an occupational hazard related to community-associated methicillin-resistant Staphylococcus aureus«. In: Annals of Emergency Medicine, Nr. 49, S. 116 f.

HARDCORE-EINPARKEN

Da ich selber zwar keinen Führerschein besitze, aber als Beifahrer das ständige Theater ums Einparken seit Jahren mit Erstaunen verfolge, sah ich mich nach einer Hilfestellung für die offenbar leidgeplagten Studentinnen um, die den Tatortbus hin und wieder dorthin steuern müssen, wo kein Zug mehr hält.

Die Suche führte mich zu Kollega Rebecca Hoyle, Mathematikerin an der Universität Surrey im verschlafenen Guildford ganz im Süden Englands. Bekannt war die Stadt bislang vor allem dadurch, dass Lewis Carroll, Autor von *Alice im Wunderland*, und der homosexuelle sozialistische Dichter Edward Carpenter auf dem dortigen Bergfriedhof begraben sind. Zudem behauptet der berühmte Ford Prefect aus dem Roman *Per Anhalter durch die Galaxis* steif und fest, aus Guildford zu stammen, was aber unwahr ist, da er bekanntlich aus der Nähe von Betelgeuse kommt.

Im Jahr 2003 entstand nun in genau diesem Städtchen die Formel, mit der jeder Mensch berechnen kann, wie die aktu-

elle Parklücke am besten zu nehmen ist. Man benötigt nur einen Taschenrechner, ein wenig Zeit und ein Metermaß.

Sind Sie bereit? Dann notieren Sie sich am besten schon vor dem Losfahren Folgendes:

- die Breite Ihres Autos an seiner weitesten Stelle (w)
- die Länge des halben Wegs zwischen Vorder- und Hinterachse Ihres Autos (c)
- den Abstand von obigem Punkt c zum Heck Ihres Autos (b)
- den Abstand erneut von Punkt c zum Bug Ihres Autos (f)
- den kleinsten mit Ihrem Auto möglichen Wendekreis (Radius r)

Wenn's dann ans echte Einparken geht, schreiben sie je nach Parklücke noch den gewünschten Abstand zur Bordsteinkante beim Aussteigen auf. Dieser letzte Wert heißt k.

Jetzt gelten folgende Formeln:

$$p = r - \frac{w}{2}, \; G \geq w + 2r + b, \; f \leq w + 2r - fg$$

$$\max\left((r + \tfrac{w}{2})^2 + f^2, (r + \tfrac{w}{2})^2 + b^2\right) \leq \min\left((2r)^2, (r + \tfrac{w}{2} + k)^2\right)$$

Wenn Sie die echten Maße Ihres Autos und der Parklücke anstelle der betreffenden Buchstaben eintragen, dann kennen Sie jetzt:

- die Mindestlänge der Parklücke, die Sie benötigen (G),
- den Abstand, den Sie zum parallel stehenden (schon parkenden) Auto zu Beginn des Einparkens haben sollten (p),
- den sinnvollen Abstand zum Vorderauto beim Ende des Einparkens (f*g).

»In Worte übersetzt heißt das einfach«, sagt Rebecca Hoyle, »dass man mit den Formeln ermittelt, wo genau man je nach Parklückenlänge das Manöver beginnen sollte und wie man im gegebenen Wendekreis zu welcher Zeit in die Kurve lenken muss.«

Die Formeln sehen komplizierter aus, als sie sind. Die Übersetzung in Worte ist einfach:

$$p = r - \frac{w}{2}$$

bedeutet, dass Ihr Auto anfangs parallel zum bereits parkenden Auto stehen muss. Der Abstand zu diesem schon geparkten Auto sollte nun laut Formel genau gleich groß sein wie der engstmögliche Radius des (durch die Mittellinie Ihres Autos gemessenen) Wendekreises minus der halben Breite Ihres Wagens.

$$G \geq w + 2r + b$$

sagt aus, dass Ihre Parklücke (falls sie trotz der ganzen rechnerei noch nicht von einem anderen Auto besetzt ist) mindestens so lang sein muss wie die Breite Ihres Autos plus zweimal den radius des Wendkreises (wieder gemessen

Die Schöpferin der Einparkformel in autofreier Umgebung.   Foto: Rebecca Hoyle.

durch die Mittellinie des Wagens) plus dem Abstand zwischen der Hälfte des Achsenabstandes (also des Abstandes zwischen beiden Achsen, nicht der Breite der Achse) und dem Heck des Autos. »Wichtig ist«, so Rebecca Hoyle, »dass die Werte für die Parklückenlänge nur gelten, wenn man wirklich in einer S-Kurve einparkt. Bei anderen Parktechniken gelten andere Werte.«

Damit haben Sie es schon fast geschafft. Jetzt nur noch

$$f \leq w + 2r - fg$$

was bedeutet, dass die Länge vom halben Weg zwischen den beiden Achsen zum Bug Ihres Autos kleiner ist als die Breite Ihres Wagens plus zwei Mal dem Radius (erneut durch die Mittellinie des Autos gemessen) des Wendkreises minus des Abstandes zwischen Ihrem Auto beim Ende des Einparkens und dem Heck des davorstehenden Autos.

Ab jetzt ist es kinderleicht, denn nun haben Sie alle Daten, die Sie zum kratzer- und stressfreien Einparken brauchen:

1. Beginnen Sie mutig das Einparken und steuern Sie Ihr Auto so lange parallel rückwärts, bis Sie an der Stelle ankommen, an der die halbe Strecke zwischen Abstand Ihrer Achsen auf der Höhe der hinteren Stoßstange des schon parkenden Autos liegt.

2. Fahren Sie dann langsam weiter rückwärts, schlagen nun aber das Lenkrad so ein, dass Ihr Auto haargenau in einem Winkel von 45 Grad zum Bordstein steht. Drehen Sie das Lenkrad dann komplett, also bis zum Anschlag in die andere Richtung und fahren langsam

weiter rückwärts, bis Sie parallel zum Bordstein stehen.

3. Der perfekte Abstand Ihres Autos zum Bordstein ist in diesem Moment der Wert k, den Sie ja schon vorab notiert haben.

4. »Die übrige Formel beschreibt nun nur noch, wie man verhindert, an das vordere Auto oder die Bordsteinkante anzustoßen«, erklärt die Mathematikerin. Doch das passiert wohl eh nicht, denn *diesen* Abstand kann man/frau meist selbst über den Lenker erspähen.

»Ich habe die Berechnung fürs Einparken wirklich auf die einfachsten Zeichenfolgen heruntergebrochen«, berichtet die Kollegin. »Das Ganze kann auch viel ausführlicher und schwieriger beschrieben werden. Das gilt beispielsweise, wenn man das Einparken in erster Linie als Problem der Geschwindigkeitssteuerung auffassen würde: Das spielt im Alltag aber eine untergeordnete Rolle.«

Hier übrigens noch ein kleiner Geheimtipp der Mathematikerin: Nutzen Sie alle spiegelnden Flächen, beispielsweise am Nachbarauto, um einzuschätzen, wo genau Sie beim Einparken stehen, fahren oder Kratzer erzeugt haben.

IG-GESAMTNOTE: »Ich begreife *überhaupt* nicht, was an meiner Formel so toll sein soll«, mailte mir Kollegin Hoyle bescheiden. »Es gibt mittlerweile doch noch bessere Formeln, die das Problem der S-Kurve beim Einparken viel genauer beschreiben. Druck doch lieber die ab!« Falscheinparker verursachen allerdings alleine in England

Reparaturkosten von 200 Millionen Euro. Davon könnte man fünf der teuersten und größten Luxusjachten der Welt (»Wally Island« von Luca Bassani) kaufen – darauf fünf Wohnetagen, Kino, Bibliothek und Hubschrauberlandeplatz. Vorteil: Nie wieder einparken …

R. Hoyle (2003), »Requirements for a perfect s-shaped parking manoeuvre in a simple mathematical model«. In: *University of Surrey*, Vorlesungs-Skript, o.B.

Ch. Römer (2007), »Wally Island – Luxusjacht im Tankerformat«. In: *Worldwide Luxus*, 19. März 2007; siehe http://www.worldwide-luxus.de/50226711/wally_island_luxusjacht_im_tankerformat.php

SPRINGENDE FÜCHSE IM KRANKENHAUS

Die jüngeren Leser dieses Buches werden keinen Schimmer haben, worum es im Folgenden geht. Zur Erklärung: Bis vor wenigen Jahren wurden Rezepte noch vom Arzt selbst mit oft kratzeliger klaue auf ein Zettelchen gekrickelt. Heute kommen die Medikamentenverschreibungen aus dem Drucker, sodass die Erscheinung, wenn überhaupt, nur noch alternden Lahntaler Landärzten bekannt ist.

Kein Wunder, dass die zahlreichen Studien zum Thema sich scheinbar widersprechen.

Im Jahr 1998 hatten Ronan Lyons, Christopher Payne, Michael Mccabe und Colin Fielder aus Swansea (Wales) die bereits dritte Studie durchgeführt, um die weltweit verbreitete und durch Klagen von Kollegen bestätigte Aussage zu klären, ob Ärzte wirklich so schlecht schreiben, wie der Volksmund weltweit zu wissen meint.

Dazu baten sie 92 Kollegen vom Gesundheitsamt von Swansea und der Notaufnahme im Morriston Hospital sowie einer ebenfalls örtlichen HNO-Abteilung, alle Buchstaben des Alphabets und die Zahlen von null bis neun aufzuschreiben. Zur Vertuschung des wahren Anliegens behaupteten die Untersucher, dies diene zum Programmieren eines Leseprogramms für einen Computer.

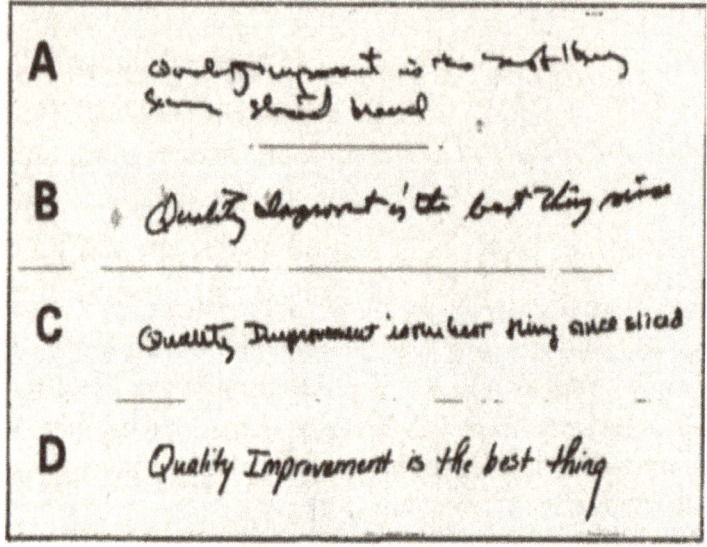

A

B

C

D *Quality Improvement is the best thing*

Bei Rückfragen wenden Sie sich bitte an Ihren Arzt oder Apotheker.
Von oben nach unten: »schlecht«, »brauchbar«, »gut« und »ausgezeichnet«

Aus: Berwick 1996.

Die ausgefüllten Bögen wurden dann auch wirklich mit einem Scanner eingelesen und die Ziffern und Buchstaben automatisch erkannt – so gut das angesichts der jeweiligen Klaue eben ging. Die Schreibenden wurden dabei einer von drei Gruppen zugeordnet: Entweder gehörten sie zu den »Medizinern«, »Pflegern« oder »Verwaltungsleuten«.

Als Erstes fiel auf, dass die Zahlen in allen Gruppen stets lesbar waren. Das stand auch in Einklang mit früheren Studien, in denen sich gezeigt hatte, dass vor allem die Buchstaben vermurkst wurden. Und in der Tat, bei den Buchstaben »gab es einen sehr deutlichen Unterschied zwischen den Gruppen«, so die ärztlichen Kollegen. »Die Ärzte erzeugten im Vergleich zu den Verwaltungsleuten und den Pflegern mehr Lesefehler. Der Studie des Kollegen Berwick aus den USA können wir nicht folgen, weil er statt eines Leseprogramms Menschen einsetzte und auch keine Vergleichsgruppe wählte.«

Damit schien das Problem abgehakt. Doch die US-Amerikaner fühlten sich nun herausgefordert und legten an der Uniklinik in Kansas eine Untersuchung nach. Die dortigen Kollegen baten je zehn männliche und weibliche Buchhalter, Anwälte, kfz-Mechaniker, Ärzte, Wissenschaftler, Bauarbeiter und Ingenieure (n^* gesamt = 140), zügig den Satz »the quick brown fox jumps over the lazy dog« zu schreiben. In dieser Sentenz kommen alle Buchstaben des Alphabets vor.

Nun wurde, statt wie im vorigen Versuch von einem Computer, von einem Menschen beurteilt, wie viele vergurkte Buchstaben sich in dem Set der braunen, springenden Füchse fanden. Vier zusätzliche Schiedsrichter bestimmten des Weiteren, ob die Sätze schlecht, brauchbar, gut oder ausgezeichnet geschrieben worden waren.

Obwohl sich alle Leser im Urteil über die Entzifferbarkeit einig waren ($p^* < 0{,}001$), stellte sich trotz der vielen Mühen doch nur heraus, dass allein die Ausbildungszeit und das Geschlecht das Schriftbild bestimmt hatten. Der Beruf spielte dabei keine Rolle. Im Schnitt waren 40 Prozent der von Männern geschriebenen Buchstaben unleserlich; bei Frauen waren es immerhin noch 20 gekritzelte Prozent.

»Wenn die Handschrift von Ärzten trotzdem manchmal schlechter scheint«, meinen die Forscher Donald Berwick und David Winickoff, »dann vielleicht, weil sie unter dauerndem Zeitdruck stehen. Zudem achten normale Menschen bei Ärzten viel stärker auf deren Handschrift, weil sie Angst haben, dass hier Lesefehler schlimmere Folgen nach sich ziehen als anderswo.«

Was tun? »Ehrlich gesagt«, finden Javier Rodriguez-Vera und Kollegen, »sollten wir Ärzte es einfach lassen und nicht mehr mit der Hand schreiben. Dann ist es auch egal, ob jemand die Schrift lesen kann oder nicht.«

Dieser Meinung schließen sich auch die Kollegen aus Kansas an. »Auch wenn Ärzte nicht krakeliger schreiben als die Allgemeinheit«, so das Team, »sollten sie doch versuchen, ihre Handschrift über die der übrigen Menschheit zu heben. Wenn das nicht klappt, dann darf eben alles vom Patienteneintrag bis zum Rezept nur noch über Computer laufen.«

IG-GESAMTNOTE: Zack, so ist es dann auch gekommen. Herausragend in der Schar der Untersuchungen zu diesem offenbar sehr heißen Thema das Paper* der Kollegen Schneider u.a. aus dem Jahr 2006. Denn das Problem war ja schon im Jahr 1979 eingekreist und wurde danach weiter intensiv in der ärztlichen Fachliteratur besprochen. Dreißig Jahre später hatte der Einsatz von Computern die Fehlerquelle behoben (oder auch nicht – wie viele Fehler gibt es seither beim Eintippen im Vergleich zu Lesefehlern bei Handschriften?). Doch 2006 dann die wiederholte Überraschung, bewirkt durch den von allen anderen früheren Untersuchern vergessenen Vergleich mit anderen Berufsgruppen: »Die Leserlichkeit der Handschrift von Ärzten ist genauso gut oder schlecht wie die von jedem anderen.«

Eigentlich ist das so unterhaltsam, dass ich die Sache im Komitee doch noch einmal auf den Konferenztisch werfen werde. Da mir dort aber eh keiner zuhört, werde ich es einfach schriftlich einreichen – vielleicht sogar in Handschrift.

Anon (1979), »A study of physicians' handwriting as a time-waster«. In: *Journal of the American Medical Association*, Nr. 242, S. 2429 f.

D. M. Berwick | D. E. Winickoff (1996), »The truth about doctors' handwriting: a prospective study«. In: *British Medical Journal*, Nr. 313, S. 1657–1658.

R. Lyons | Ch. Payne | M. McCabe | C. Fielder (1998), »Legibility of doctors' handwriting: quantitative comparative study«. In: *British Medical Journal*, Nr. 317, S. 863 f.

K. A. Schneider | W C. Murray | R. D. Shadduck | D. G. Meyers (2006), »Legibility of doctors' handwriting is as good (or bad) as everyone else's«. In: *Quality and Safety in Health Care*, Nr. 15, S. 445.

F. J. Rodriguez-Vera | Y. Marin | A. Sanchez | C. Borrachero | E. Pujol (2002), »Illegible handwriting in medical records«. In: *Journal of the Royal Society of Medicine*, Nr. 95, S. 545 f.

JUCKMATRIX GEGEN FREIEN WILLEN

Eigentlich wollten die schwedischen Kollegen vom Karolinska-Institut (dort werden auch die Preisträger des echten
Nobelpreises für Medizin ernannt) nur sehen, welche Gehirnbereiche genau anspringen, wenn es einen Menschen
juckt. Heraus kam allerhand, darunter Verstörendes.

Die Forschergruppe um Martin Ingvar fragte sich schon
seit Längerem, wie genau der Körper recht fein abgestimmt
auf bestimmte Schmerzreize reagiert. Der Juckreiz ist ein
recht milder »Schmerz«, der anstatt des sonst bekannten,
sofortigen Wegziehens oder Weglaufens eben nur das Kratzen auslöst. »Der Sinn dabei«, so die Forscher aus Schweden,
»ist ursprünglich, eine schädliche Substanz schnell zu ent-
fernen. Das nützliche Verhalten ist im Verlauf der Entwicklung des Lebens erhalten geblieben. Allerdings war zunächst
unbekannt, welche Nervenverschaltungen dem Juckreiz zugrunde liegen.«

Das änderte sich, als die Kollegen zehn Versuchspersonen
(VP) nacheinander in eine PET-Röhre schoben (Positronen-
Emissions-Tomographie: erzeugt Schnittbilder von Leben-
den). Dort wurde ihnen sechsmal entweder eine harmlose
Kochsalzlösung (20 Mikroliter) oder eine ebensolche Menge
zwar harmloser, aber juckender Histamin*-Lösung (zehn

Wenn es juckt, dann hier.

Grafik: Lisa Fuß (angelehnt an Hsieh 1994, Walter 2005, Gieler 2008). Foto: Mark Benecke

Mikrogramm pro Milliliter) unter die Haut des Oberarmes gespritzt. Der Versuchsleiter wusste nicht, was er spritzte, damit er keinen Einfluss auf das Verhalten der Probanden nehmen konnte (sogenannte Verblindung).

Etwa zehn Sekunden nach der Probengabe wurde den VP zudem noch radioaktives [15O]Butanol gespritzt, um dem PET die Messung der Hirnaktivität zu ermöglichen.

Alle Histamin-Gespritzten fühlten innerhalb einer halben Minute einen Juckreiz wie nach einem Mückenstich und den Drang, sich zu kratzen. Das durften sie aber nicht, denn man hatte ihnen gesagt, dass sie sich im PET nicht bewegen dürfen, um die Aufzeichnung nicht zu stören. Der Kopf war in einem Gestell festgeschraubt. Die VP durften noch nicht

Das Gehirn denkt mit. Hier ein Zahlen-Stroop-Test: Die Versuchsperson soll so schnell wie möglich entscheiden, welche Zahl größer geschrieben ist. Obwohl das sehr einfach ist, entscheidet man schneller und mit weniger Fehlern, wenn die Zifferngröße mit dem Wert der Zahl übereinstimmt. *Abb. Benecke.*

einmal die Augen öffnen, während sie ihre sechs Einspritzungen im Abstand von etwa zehn Minuten erhielten.

Auf dem Computerbildschirm konnte nach diesen Tests schnell dargestellt werden, welcher Gehirnbereich aufleuchtet, wenn es juckt: Es handelt sich um das Brodmann-Gebiet[*] 24, das zusammen mit dem verlängerten Mark des Hirnstammes zwei »Juckzentren« bildet. Genau dieses Areal 24 wird nun manchmal als Sitz des Willens angesehen, weil Störungen dort zu Antriebslosigkeit führen können. Zugleich wird dieses Gebiet angeregt, wenn man dem Probanden scheinbar widersprüchliche Aufgaben vorlegt (Stroop-Test[*]).

Spinnt man diesen derzeit unprüfbaren Faden weiter, so zeigt sich, dass der Gehirnbereich, der den Juckwunsch mit vermittelt, zugleich eine Rolle beim Abwägen und Antrieb spielt. Und genau das spielt auch bei der Überlegung, ob man sich nur kratzen soll oder nicht, eine große Rolle.

Das Thema war mit dieser ersten Studie noch lange nicht erschöpfend behandelt. Denn es springen noch weitere Gehirnbereiche an, beispielsweise dann, wenn statt eines kurzen Juckreizes eine drei- bis vierminütige juckende Einwirkung erfolgt.

Eine Arbeitsgruppe an der Universität Gießen konnte beispielsweise zeigen, dass acht Bereiche im vorderen Hirn angeregt werden, wenn man Histamin spritzt. »Deutlich ist«, sagen die Kollegen Walter (u. a.), »dass die sogenannte Schmerzmatrix sich aus deutlich anderen Bereichen im Gehirn zusammensetzt als die von uns dargestellte Juckmatrix.«

Warum aber muss man so etwas Harmloses wie das Jucken bis ins Kleinste nachverfolgen? »Juckreiz ist keineswegs selten«, erklären Uwe Gieler, Facharzt für Psychosomatische Medizin, und Bertram Walter vom Bender Institute of Neuroimaging von der Universität Gießen. »Es stellt das häufigste Symptom dar, mit dem Hautärzte in ihrer Praxis konfrontiert werden.« Je mehr man also über die Nervenverschaltungen weiß, desto besser kann man den Patienten helfen.

Die Juckforschung ist übrigens einer der vielen, wenngleich wenig bekannten Forschungsbereiche, in denen deutschsprachige Forschungseinrichtungen Entscheidendes leisten. An den Universitäten Mannheim und Erlangen-Nürnberg wurde beispielsweise entdeckt, dass der Kratzwunsch über eigene Nervenfasern von der Haut ins Rückenmark und Gehirn gelangt. Sie heißen »polymodale C-Fasern« und stehen mit den Nerven in Verbindung, die Schmerzen melden. Die so entstehende Überlagerung der

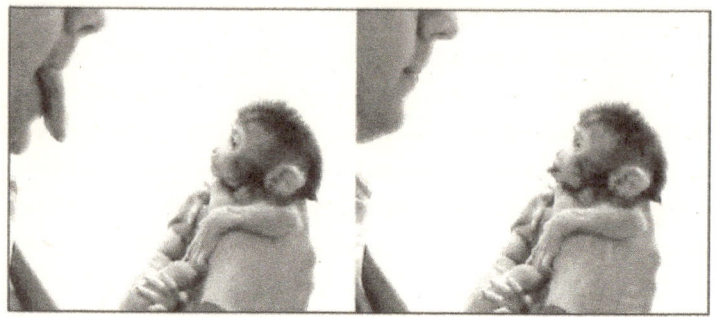

Spiegelneurone im Einsatz: Hier beim Zunge zeigen. Funktioniert auch beim Gähnen und Jucken ...   *Abb. verändert nach Lisa Gross (2006).*

Juck- und Schmerzreize führt dazu, dass man den Juckreiz durch Kneifen oder andere Schmerzen austricksen kann: Schmerz hebt den Juckreiz auf.

»Juckreiz entsteht aber auch«, so Gieler und Walter, »wenn man sieht, wie andere sich kratzen. Es genügt sogar, nur ein Bild zu betrachten, das irgendwie mit Jucken in Zusammenhang steht, etwa Aufnahmen von Flöhen.« Der Grund dafür ist unbekannt, könnte aber wie beim Gähnen mit sogenannten Spiegelneuronen zusammenhängen. Diese Nerven schlagen beispielsweise an, wenn man jungen Affen die Zunge herausstreckt. Sie strecken dann ebenfalls die Zunge vor. Gleiches gilt beim Gähnen und vielleicht auch beim Einschätzen von Gefühlen anderer Menschen, die sich in deren Gesichtsspiel äußern.

Dass solche Nervenspiegelungen auch beim Kratzwunsch eine Rolle spielen könnten, sagt uns schon die Alltagserfahrung. Die Verquickung mit Gefühlen wird aber auch in der PET-Röhre bestätigt. »Überraschenderweise sind beim Juckreiz nicht die Gehirnregionen angeregt, die Sinnesreize verarbeiten oder Bewegungen steuern«, stellten die Gießener Forscher fest. »Stattdessen feuerten viele Bereiche, die vor allem für Gefühle zuständig sind.« Einer dieser Gefühle betonenden Bereiche ist der Gyrus cinguli*, der wiederum mit dem schon erwähnten Brodmann-Areal 24 überlappt.

Wegen dieser sehr harten, im Gehirn verankerten Verdrahtung ist es auch nicht möglich, den Juckreiz mit rein seelischen Beeinflussungen wegzutherapieren. Wer beispielsweise an Neurodermitis leidet, muss zu hemdsärmligeren Maßnahmen greifen: Gegen Histamin gerichtete Medikamente, Entspannungsübungen oder »kühle Duschen oder Bäder, vor allem mit Badezusätzen, die lindernde Stoffe enthalten«, so die Gießener Forscher. »Ebenso sollte man auf eine kühle Umgebung achten, vor allem nachts: Lüften Sie und tragen Sie – wenn überhaupt – nur lockere Schlafkleidung. Manchmal genügt das schon, um den Juckreiz auf ein erträgliches Maß zu senken.«

IG-GESAMTNOTE: »Notfalls ausziehen« – das finde ich gut. Während des Schreibens dieses Artikels hat es mich unentwegt gejuckt, sogar unter der Fußsohle, auf der Schulter, den Wangen, in den Augenwinkeln und an weiteren Stellen, die mich normalerweise nicht im Geringsten interessieren. Wollen wir für die Kollegen im Karolinska-Institut und in Gießen hoffen, dass es ihnen nicht seit Jahren so geht.

Da die Darstellung der Juckmatrix im Gehirn noch weiter untersucht wird, bleibt die Sache zwar auf unserem ignoblen Schirm, juckte aber zumindest bei meiner letzten

Einreichung noch niemanden. Das könnte sich aber in Sekundenbruchteilen ändern, wenn ich nur die richtigen Gehirnbereiche meiner Kollegen im Ausschuss anrege ...

K. Brodmann (1909), Vergleichende Lokalisationslehre der Großhirnrinde. In ihren Principien dargestellt aufgrund des Zellenbaues. Johann Ambrosius Barth, Leipzig.

U. Gieler | B. Walter (2008), »Schmerzes Bruder«. In: *Gehirn und Geist*, Nr. 4, S. 68–71.

L. Gross (2006), »Evolution of Neonatal Imitation«. In: *PLoS Biol* Nr. 4(9), S. e311.

J. C. Hsieh | O. Hagermark | M. Stahle-Backdahl | K. Ericson | L. Eriksson, S. Stone-Elander, M. Ingvar (1994), »Urge to scratch represented in the human cerebral cortex during itch«. In: *Journal of Neurophysiology*, Nr. 72, S. 3004–3008.

B. Walter | M. N. Sadlo | J. Kupfer | V. Niemeier | B. Brosig | R. Stark | D. Vaitl | U. Gieler (2005), »Brain Activation by Histamine Prick Test-Induced Itch«. In: Journal of Investigative Dermatology, Nr. 125, S. 380–382.

J. E. Warren | D. A. Sauter | F. Eisner | J. Wiland | A. Dresner | R. J. S. Wise | S. Rosen | S. K. Scott (2006), »Positive emotions preferentially engage an auditory-motor ›mirror‹ system«. In: *The Journal of Neuroscience*, Nr. 26, S. 13067.

WISSENSCHAFTLICHE BEGRIFFE

Die folgenden Begriffe und Methoden stammen – abgesehen von reinen Worterklärungen – direkt aus dem Werkzeugkasten der Wissenschaftler und sind für sie dasselbe wie eine Schlauchschelle für den Installateur, eine Schere für den Friseur oder ein Spannungsprüfer für den Elektriker: Mittel zum Zweck. Sie dienen dazu, Sachaussagen zu treffen. Wenn aus einem naturwissenschaftlichen Versuchsergebnis zusätzlich eine gesellschaftliche Folgerung gezogen wird, geht das meist schief. Beispiel: Nur weil im Jahr 2002 nur 15 Prozent der verheirateten US-Amerikaner, die in Einfamilienhäusern leben, einkaufen gingen, heißt das nicht, dass Männer Einkaufsmuffel sind. Im selben Jahr gingen vielleicht 90 Prozent der indischen Männer einkaufen.

Und was sind überhaupt Männer? Für Naturwissenschaftler sind das alle Menschen, die ein Y-Chromosom besitzen. Sozialwissenschaftler haben aber zusätzliche und völlig andere Möglichkeiten, einen Mann zu beschreiben. Sie beziehen sich auf sein Selbstbild, die Rolle in der Außenwelt, die Wahrnehmung durch andere und seine Erziehung. Das alles hat mit dem Y-Chromosom oft nur noch wenig zu tun – es kann aber trotzdem eine richtige Beschreibung ergeben.

Schon wegen dieser verschiedenen Deutungsmöglichkeiten macht es Spaß, echte Forschungsarbeiten genau zu durchstöbern, anstatt in einer einzelnen Zeile zusammengefasste Ergebnisse einfach zu glauben. Doch dazu benötigen Sie einige Fachbegriffe. Diese erlauben Ihnen zu trennen, was der Forscher (a) wirklich herausgefunden hat, was er (b) glaubt, herausgefunden zu haben, und was das (c) Ihrer Meinung nach für die Gesellschaft bedeuten könnte.

Annals of Improbable Research (AIR): Eigentlich »Jahrbücher der Unglaublichen Forschung«, tatsächlich aber eine alle zwei Monate in Cambridge (USA) erscheinende Zeitschrift für meist echte wissenschaftliche Ergebnisse, die sich lustig anhören, es aber nicht sein müssen. Die AIR verleihen einmal im Jahr die Ig-Nobelpreise*. Herausgeber ist der Mathematiker Marc Abrahams, Mitherausgeber sind neben mehreren echten Nobelpreisträgern zahlreiche Spezialisten für so ziemlich jede Forschungsdisziplin.

Der eigentümliche Name der Zeitschrift ist eine Anspielung darauf, dass früher viele wissenschaftliche Zeitschriften als »Annalen« bezeichnet wurden, beispielsweise Justus Liebigs *Annalen der Chemie und Pharmacie*, Glasers *Annalen für Gewerbe und Bauwesen* oder die *Annalen fuer Ornithologie*.

Jean Anthelme Brillat-Savarin (1755–1826), Anwalt und Politiker in Paris, der sich aber auch als Feinschmecker einen Namen machte. Zwei Monate vor seinem Tod erschien sein Buch *Physiologie du goût, ou méditations de gastronomie transcendante; ouvrage théorique, historique et à l'ordre du jour, dédié aux gastronomes parisiens, par un professeur, membre de plusieurs sociétés littéraires et savantes*. Durch seine Werke glauben bis heute viele Menschen unrichtigerweise, dass der Verzicht auf Zucker und weißes Mehl nutzbringend sei.

Brodmann-Gebiet: Das Großhirn lässt sich landkartenartig aufteilen. Der deutsche Nervenarzt Korbinian Brodmann (1868–1918) erfand diese Einteilung; daher wurden die Gebiete nach ihm benannt.

Cyprini: Karpfen (zool.)

Emeritus: Professoren gehen nicht in Rente oder Ruhestand, sondern werden emeritiert (lat. *emeritus*: ausgedient). Das Wort bedeutet zwar nichts anderes als Ruhestand, meint aber auch, dass die meisten Forscher von ihrem Forschungsgegenstand noch lange beseelt sind und nicht davon lassen können. Darum verlieren Professoren im Alter von 65 Jahren alle Pflichten an der Universität, behalten aber gleichzeitig viele ihrer Rechte. Als die DDR aufgelöst wurde, gab es beispielsweise eine sehr scharfe Diskussion darüber, ob emeritierte Professoren, die ihre Kollegen beim Ministerium für Staatssicherheit (MfS, Stasi) angeschwärzt hatten, weiterhin das ihnen normalerweise zustehende »Emerituszimmer« behalten dürfen. In der Regel durften sie.
Das Emerituszimmer ist ein Raum, in dem jeweils ein Emeritus so lange weiterarbeiten darf, wie er möchte. Da alle Menschen – auch Emeriti – heute immer älter werden, gibt es mittlerweile Institute, in denen ebenso viele emeritierte Professoren sitzen wie forschender Nachwuchs.

Endokarp: innerste Schicht der Fruchtwand.

et al.: von lat. *et aliis*, und andere; gemeint sind weitere Autoren einer Forschungsarbeit. Früher war die Forschungssprache nicht Englisch, sondern Latein. Noch heute sind beispielsweise die Promotionsurkunden an konservativen deutschsprachigen Universitäten ausschließlich in lateinischer Sprache verfasst, (siehe Abbildung auf Seite 219) und Amtsträger sprechen sich mit lateinischen Titeln an, etwa den Rektor (Leiter der Universität) mit »Magnifizenz« (lat. *magnificentia*: Erhabenheit) und den Dekan (Leiter einer Wissenschaftsrichtung, beispielsweise der Rechtswissenschaften) mit »Spectabilis« (lat. *spectabilis*: ansehnlich, glänzend).

Funding: von engl. fund, Kapital, hier im Sinne von »Finanzausstattung«. Fast alle Forschungsprojekte an Universitäten werden mit Geldern durchgeführt, die eine Forschungseinrichtung, die Universität oder Stiftungen auf Antrag zuteilen (oder auch nicht). Von diesem Geld werden Geräte und Gehälter der jüngeren Forscher bezahlt.

Sie sind deswegen meist nur für wenige Jahre angestellt und müssen dann die Universität wechseln, es sei denn, es gibt neues Funding. In Deutschland nützt das allerdings oft nichts, denn die Universitäten fürchten, man könne die Arbeitsstelle vor dem Arbeitsgericht einklagen. Daher ist man gezwungen, nach einigen Jahren (meist nach fünf) die Universität zu wechseln.

Gaußverteilung: Normalverteilung, die bei gezeichneter Darstellung die Form einer Glocke aufweist (siehe *Lachende Wissenschaft*, S. 15: Verteilung von Sexualpartnern).

Genotyp: Der auf der Erbsubstanz DNA festgelegte Teil der Information über den körperlichen und geistigen Aufbau eines Lebewesens. Umwelteinflüsse spielen aber eine große Rolle, sodass der Genotyp nicht allein ausschlaggebend für Aussehen und Geist ist. Siehe auch: Phänotyp.

Gyrus cinguli: »Gürtelwindung« genannte Hirnregion, in der auch das Brodmann-Areal 24 liegt.

Histamin: Ein körpereigener Stoff (biogenes Amin), den man in Menschen, Pflanzen, Bakterien und sogar im Mutterkornpilz findet. Bei Menschen spielt Histamin eine entscheidende Rolle bei allergischen Reaktionen.

Ig-Nobelpreis: Jährlich vom Team der Zeitschrift *Annals of Improbable Research* um den Mathematiker Marc Abrahams an der Universität Harvard in Cambridge (USA) verliehener Preis für Forschungsergebnisse, die »nicht wiederholt werden können oder sollen«. Der Name »Ig-Nobel« ist ursprünglich abgeleitet vom Neffen des Stifters des Nobelpreises: Ignaz Nobel bewies als Erster, dass zwei Luftblasen in Sprudelwasser niemals denselben Weg zur Oberfläche durchlaufen. Zufällig auch Lautähnlichkeit mit englisch *ignoble*, unwürdig.

Kathodenstrahlgerät: In Großmutters Fernseher (»Ferntonkino«) entsteht das Bild auf der Glasscheibe (Mattscheibe, Anode) durch einen Elektronenstrahl. Die Elektronen stammen aus einer Kathode am anderen Ende des Fernsehers.

Korrelations-Koeffizient (r): »Korrelation« ist das Fremdwort für »Zusammenhang«, Koeffizient bedeutet »Maßzahl«. Der Korrelations-Koeffizient gibt an, wie stark zwei Ereignisse miteinander zusammenhängen. Er wird mit einer Formel aus den Zahlen berechnet, die man im Versuch gemessen hat. Wenn zwei Merkmale im Versuch in gleichförmiger Weise miteinander zusammenhängen, beträgt deren Korrelations-Koeffizient r= 1.

Beispiel: Wenn ich auf meine Tastatur drücke, erscheint auf dem Bildschirm ein Zeichen. Drücke ich dreimal, so erscheinen drei Zeichen, achtmal: acht Zeichen, hundertmal: hundert Zeichen. Das heißt: Es besteht ein vollständiger, gleichbleibender Zusammenhang. Kürzer gesagt: r = 1.

Linear (siehe: nicht-linear).

multizentrisch: Die Forschung findet in mehreren Städten statt, um örtliche Zufallseinflüsse (Klima, Gewohnheiten der jeweiligen Forscher usw.) auszuschalten und um eine höhere Anzahl von Proben zu erhalten.

n: von engl. number, Anzahl. Beispiel: n = 50 bedeutet, dass 50 Erbsen, 50 Menschen oder 50 Lampen untersucht wurden. Oder es wurden 50 Messungen, etwa mit einem Lineal, aufgeschrieben. n bedeutet also einfach: »Anzahl von ...«.

Nature: Eine der beiden wichtigsten naturwissenschaftlichen Fachzeitschriften

Nerd: Ein intelligenter, aber kauziger, im Kontakt mit der Umwelt oft stiller Mensch. Ursprünglich abgeleitet vom englischen Wort für »Streber«, weil man diese Menschen früher für übertrieben ehrgeizige Schüler hielt. Das stimmt aber nicht, es ist bloß so, dass sich Nerds manchmal auch mit in der Schule behandelten Themen gern sehr innig beschäftigen. Ebenso oft tun sie dies aber nicht und sind darum nur in bestimmten Schulfächern besonders gut.

Schon seit etwa zehn Jahren wandelt sich die unrichtige Wahrnehmung: Max Goldt beschreibt Nerds als Menschen, die früher gern auf dem elterlichen Küchentisch gelötet haben, heute an Computersoftware tüfteln, ihren Körper nicht richtig beherrschen und Sex für lästig halten.

Seit etwa 2001 hat sich die Wortbedeutung wiederum verändert. Heute steht der Begriff »Nerd« laut Klaus Fehling für »jemand, der etwas ganz allein, ohne die Hilfe anderer, beherrschen kann«.

Anstelle von »Nerd« wird auch das Wort »Geek« benutzt, das sich aber eher auf reine Computertüftler bezieht.

Neurotizismus: Mit psychologischen Testmethoden ermitteltes Maß für die Wankelhaftigkeit der Gefühle eines Menschen (neurotische Tendenzen). Je größer der Wert für Neurotizismus ist, desto eher wird ein Mensch bei Belastung ängstlich, unzufrieden, übermäßig besorgt oder entwickelt Symptome eingebildeter Krankheiten.

Nicht-linear: Meist erkennen wir als Menschen nur einfache, direkte Zusammenhänge. Zum Beispiel: a) Je mehr Tassen Kaffee ich trinke, umso häufiger muss ich zur Toilette. b) Je höher ich die Heizung drehe, desto wärmer wird es. c) Je stärker ich aufs Gas trete, desto schneller fährt das Auto. Wie Autofahrer wissen, fährt das Auto aber nur anfangs wirklich immer schneller, während es ab einer Geschwindigkeit von beispielsweise 150 km/h zwar immer noch schneller wird, dies aber langsamer als vorher. Das alles sind Zusammenhänge, die wir im Alltag wahrnehmen und verstehen können. Sie heißen linear, weil sich diese Beziehungen mit einer vielleicht leicht gekrümmten, aber stets ungeknickten Linie darstellen lassen. Anders verhält es sich mit den in der Natur viel häufiger auftretenden nicht-linearen Erscheinungen. Diese können wir nur mit mathematischen Methoden beschreiben, unserer Alltagswahrnehmung entziehen sie sich. Zum Beispiel: Hängen sie einen Stein an einen Faden und berühren sie ihn mit dem Finger. Auch wenn sie genau die Stärke und Richtung ihres Anstoßes messen, kann niemand vorhersagen, in welche Richtung sich das Steinchen in 15 Sekunden bewegt.

Dieses einfache Modell zeigt, dass fast alle Ereignisse in der Natur unvorhersehbar sind. Weil kein Zusammenhang besteht, den man mit einer einfachen, ungeknickten Linie beschreiben kann, nennt man dies nicht-linear.

Nightmare on Elm Street: Im dritten Teil der Horrorfilmserie tötet der Bösewicht eine Jugendliche, indem er ihren an der Wand über Kopfhöhe montierten Fernseher mit Armen versieht und das Opfer kopfüber in die zersplitternde Mattscheibe zieht. Die Szene machte Filmgeschichte.

Östrus: Fruchtbarste Zeit bei Frauen, die keine hormonellen Verhütungsmittel verwenden.

p: von engl. *probability*, Wahrscheinlichkeit. Der Wert p wird mit einer Formel aus den im Versuch ermittelten Zahlen berechnet. Er gibt an, wie sicher ein wissenschaftlich gewonnenes Ergebnis ist. Je kleiner der p-Wert, desto aussagekräftiger sind die Ergebnisse der Untersuchung.

Beispielsweise bedeutet p = 0,05 (= fünf Prozent), dass eine Untersuchung mit einer Wahrscheinlichkeit von fünf Prozent nur zufällig oder irrtümlich die beobachteten Ergebnisse erbracht hat. Es bedeutet auch, dass die Untersuchung mit einer Wahrscheinlichkeit von 95 Prozent nicht auf zufälligen Irrtümern beruht.

Viele Forschende haben sich weltweit auf die ungeschriebene Fünf-Prozent-Hürde als brauchbaren Wert für mögliche Irrtümer ihrer Untersuchungen geeinigt. Das bedeutet, dass eine von 20 (also fünf Prozent) solcher Untersuchungen eine irrtümliche Schlussfolgerung nach sich ziehen kann. Techniker setzen den p-Wert für hochsignifikante Ergebnisse deshalb lieber bei 0,001 an; Biologen sind oft schon mit dem zehnfach »schlechteren« p-Wert 0,01 zufrieden, weil auf ihre Versuche mit Lebewesen mehr Umwelteinflüsse einwirken als auf viele unbelebte Objekte.

Beispiel aus der Kosmetik: 100 Menschen verwenden einen Monat lang täglich eine Anti-Falten-Creme, 100 andere verwenden gleichzeitig eine andere Creme. Niemand, auch nicht diejenigen, welche die Cremetuben austeilen, weiß, wer welche der beiden Cremesorten erhalten hat. Das weiß nur die Versuchsleitung, sagt es aber niemandem (»doppelt blinde Untersuchung«).

Zu Beginn der Untersuchung und erneut nach einem Monat fleißigen Cremens misst man die Tiefe der Falten. Wie zu erwarten, verändert sich die Tiefe der Falten kaum. Das ist aber schlecht für den

Verkauf, besonders, wenn man wohlklingende Testergebnisse in der Werbung mitteilen möchte.

Abhilfe schafft ein wenig Spielerei mit dem p-Wert. Setze ich die Irrtumswahrscheinlichkeit p auf zum Beispiel fünf Prozent fest, so zeigt sich wie erwartet keine aussagekräftige Veränderung der Faltentiefe. Daher erlaube ich mir nun einfach eine Irrtumswahrscheinlichkeit von 40 Prozent. Das kann mir niemand verbieten, obwohl es wissenschaftlich untragbar ist. Nun erhalte ich auf einmal das von der Werbeabteilung gewünschte »in unseren Labors bewiesene« Ergebnis.

Wenn dieses p-Gepfusche auch nicht hilft und die Falten trotz allen Wünschens nicht flacher werden, gibt es noch zwei weitere Tricks. Sie können sie in den Anzeigen großer deutschsprachiger Frauenzeitschriften häufig finden.

Methode 1: Es ist ein schön klingender Wert angegeben, meist eine krumme, wissenschaftlich klingende Zahl: 47 Prozent Faltenverringerung. Liest man im winzig Kleingedruckten nach, so steht dort als Erklärung, dass dies der Anteil der Versuchspersonen ist, die der *Meinung* sind, dass ihre Falten flacher geworden sind. Dass Meinungen und Tatsachen aber nicht übereinstimmen müssen, wird bewusst verschleiert. Das gilt besonders dann, wenn Menschen gratis und wochenlang professionelle Gesichtspflege erhalten – gewiss »strahlen« sie danach, »fühlen sich sauwohl« oder »könnten sich vorstellen«, dass die Falten nun weniger tief sind. Bloß ist das nicht mit dem Lineal messbar.

Methode 2: O-Ton: »Sichtbare Faltenmilderung *bis zu* minus 64 Prozent«. Auch hier handelt es sich um einen unverschämten Trick. Denn erstens könnte es sein, dass irgendeine der befragten Personen (so wie beispielsweise auch ich) nicht gut schätzen kann; dieser unsinnige Wert wird nun aber angegeben. Zweitens könnte eine VP* trockene Haut gehabt haben, die durch die Creme nun einfach aufquillt. Jetzt hat die Faltentiefe, zumindest im Spiegel, abgenommen. Mit Sicherheit handelt es sich bei den »minus 64 Prozent« um einen solchen Extremwert oder »Ausreißer«. Das geben die Werber sogar zu, wenn sie (natürlich klein gedruckt) ein »bis zu« hineinschummeln.

Dasselbe Geschiebe funktioniert auch im Unguten, wenn man beispielsweise beweisen möchte, dass Handys Krebs verursachen, Fernsehen dumm macht oder Kaffeetrinken Herzinfarkte bewirkt. Es kommt zudem darauf an, welchen statistischen Test man überhaupt verwendet. Glauben Sie also keiner Statistik, wenn Ihnen die Originalzahlen und die Testmethode unbekannt sind.

Paper: von engl. *paper*, Papier; hier: Wissenschaftlicher Artikel in einer Zeitschrift, der zuvor von Fachkollegen geprüft wurde (engl. *peer review**).

Peer review: Durchsicht, Vorabkontrolle und Entscheidung über Annahme oder Ablehnung eines wissenschaftlichen Artikels durch fachlich gleichstehende Personen.

Phänotyp: Das endgültige Aussehen und Auftreten eines Lebewesens. Einfluss darauf nimmt einerseits die DNA mit dem Genotyp*, andererseits die Umwelt, beispielsweise die Ernährung und gelerntes Verhalten.

ppm (engl. *parts per million*): Gibt nicht wie sonst üblich ein Gewicht, sondern ein Verhältnis an. 4,3 ppm Kohlenmonoxid (chemische Formel: CO) bedeutet bei Rauchenden: Die ausgeatmete Luft enthält 4,3 Teile Kohlenmonoxid in insgesamt einer Million Teile Atemluft.
Je mehr man raucht, desto mehr Kohlenmonoxid aus dem Zigarettenqualm bindet sich an den roten Blutfarbstoff. Deswegen atmen Raucher mehr CO aus.
Um das zu beschreiben, bietet es sich an, anstelle des ohnehin sehr niedrigen Gewichtes des CO einfach dessen Menge im Verhältnis zu einer Million Teilen anzugeben.
Backt man hingegen einen Kuchen, so ist die Angabe ppm sinnlos. Hier ist es praktischer, Gewichte oder Mengen (drei Eier, 500 Gramm Mehl) anzugeben.
Wenn man möchte, kann man aber ppm in Gramm umrechnen und umgekehrt.

r: Maß für den Korrelations-Koeffizienten*.

Referee: Fachkollege und Gutachter, der entscheidet, ob ein Artikel in einer wissenschaftlichen Zeitschrift veröffentlicht wird.

Reviewer: Kollegen, möglichst aus demselben Fachgebiet, die einen Forschungsantrag oder eine zur Veröffentlichung in einer Fachzeitschrift eingereichte Forschungsarbeit begutachten.

Scheherazade rettete ihr Leben, indem sie ihrem Gatten tausend und eine Geschichte erzählte. Danach war der Sultan erstens gut unterhalten und glaubte zweitens endlich an ihre Treue zu ihm.

Signifikant: Errechnete Angabe darüber, wie aussagekräftig eine Untersuchung ist. Die Signifikanz sagt zugleich aus, wie groß die Chance ist, dass scheinbar »gesicherte« Ergebnisse in Wirklichkeit nur durch Irrtum oder Zufall entstanden sind. Für die Signifikanz wird der Buchstabe p^* benutzt.

Soziolekt: Die Sprachweise einer Gruppe, die von deren Mitgliedern problemlos, von anderen möglicherweise aber nicht verstanden wird. Beispiele: Jugendsprache (»DVD gucken«), Ruhrgebietsslang (»labberig«), Laborkauderwelsch (»das Gel hat Smileys«) usw.

Standardabweichung: Führt man mehrere Messungen der gleichen Art durch, so schwanken die Ergebnisse. Beispiel: Wie viele Fußgänger laufen heute Mittag zwischen 12 Uhr und 12.10 Uhr, gezählt pro Minute, in der Einkaufsstrasse vor meinem Fenster vorbei (siehe Tabelle)?

Uhrzeit	Anzahl Fußgänger	Standardabweichung pro Minute	rechnerische Spanne
12.00-12.30 Uhr	31	plusminus 6	25–37
14.00-14.30 Uhr	27	plusminus 5	22–32
22.30-23.00 Uhr	15	plusminus 5	10–20

Die Standardabweichung gibt in Form eines Plusminus-Wertes diese Schwankungen in rechnerisch bearbeiteter Form an. Wenn sich Standardabweichungen überlappen, kann das bedeuten, dass es sich nicht um eine aussagekräftige Beobachtung handelt:

Man sieht in der rechten Spalte der Tabelle, dass sich mittags und am frühen Nachmittag die Anzahl der Fußgänger im Bereich der Standardabweichung überlappen. Abends laufen hingegen deutlich weniger Fußgänger als mittags am Fenster vorbei.

Es juckt mich aber trotzdem in den Fingern, ein bisschen weiter zu zählen. Dabei vergrößert sich die Stichprobe (die Anzahl der gezählten Fußgänger). Eine große Stichprobe[*] bewirkt nach Anwendung der Formel für die Standardabweichung oft ein eindeutigeres Ergebnis mit einer kleineren Standardabweichung.

Viele von Ihnen würden jetzt sagen, dass die Sache doch kristallklar ist: Mittags laufen mehr Fußgänger am Fenster vorbei als abends – fertig. Unsereiner ist aber auch bei scheinbar eindeutigen Ergebnissen gern skeptisch und prüft lieber alles mehrmals nach. Deshalb empfinden viele Menschen Naturwissenschaften auch als langweilig. So empfinden wir das nicht – die Schönheit liegt für uns in der Aufklärung der untersuchten Frage, nicht in den Zahlenreihen. Sie sind nur Mittel zum Zweck, so wie der Schneebesen für einen Koch oder ein Keilriemen für Autofahrer.

Stichprobe: Wenn die Anzahl von Messungen (das heißt die Stichprobe) zu klein ist, schleichen sich oft zufällige Häufungen und Fehler ein. Beispiel: Notiere ich die Haarfarbe von fünf Engländern, so kann mein Endergebnis lauten: »60 Prozent der Engländer haben schwarze Haare.« Diese Aussage ist wissenschaftlich falsch, obwohl die reine Berechnung (drei von fünf hatten schwarze Haare) stimmt. Es muss stattdessen heißen: »60 Prozent der fünf untersuchten Engländer hatten schwarze Haare.« An der niedrigen Anzahl von Messungen erkennt nun jeder, dass dem Ergebnis nicht zu trauen ist und weitere Messungen notwendig sind (siehe auch: n und p).

Storchproblem: Je mehr Störche in einem Dorf leben, desto mehr Kinder werden dort geboren. Das stimmt zwar, beweist aber nicht, dass der Storch die Kinder bringt. Anders gesagt: Der Storch ist trotz der wissenschaftlich richtig beobachteten Zahlen nicht die Ursache der Kinder, obwohl ein abergläubischer Mensch das guten Gewissens behaupten kann. Um ihn zu widerlegen, muss man die wirkliche Ursache herausfinden: In größeren Dörfern leben erstens mehr Familien (folglich mehr Kinder), und es gibt zweitens mehr Nistmöglichkeiten für Störche (also mehr Störche).

Storchprobleme sind häufig unauflösbar, vor allem dann,

- wenn die falsche Zuordnung einer eingebildeten (und zahlenmäßig scheinbar bewiesenen) »Ursache« dem Wunsch oder Glauben der Forscher entspricht (Beispiel: »Alkohol verursacht sozialen Abstieg«) oder

- wenn viele Umwelteinflüsse auf die Messungen einwirken, sodass nicht alle davon berücksichtigt werden (Beispiel: »In diesem Maulwurfgebiet messe ich Feuchte, Wind, Tageslänge, die Zusammensetzung der Erde und die Anzahl der Maulwurfbabys. Der Sonnenstand wird aber wohl egal sein.«).

Siehe auch: Korrelations-Koeffizient.

Stroop-Test: Benannt nach dem Psychologen John Stroop (veröffentlicht 1935); zuvor schon von deutschen Psychologen angesprochen. Beispiel für den Stroop-Effekt: Das Wort »grün« wird schneller gelesen (also schneller vom Gehirn verarbeitet), wenn es mit grüner Farbe gedruckt ist. Ist das Wort »grün« hingegen rot, orange, blau, gelb (und so weiter) gedruckt, dauert das Lesen wesentlich länger: Das Gehirn muss sich mehr anstrengen.

Substrat: Hier jede Art von Unterlage oder Trägermaterial, in dem sich Lebewesen aufhalten und heranwachsen können, beispielsweise Rindenstückchen oder Erde.

TA: Technische Angestellte; durch Zwangsverbindung aneinandergekettete, ewige Mit- oder Widerstreiterin des Forschers im Labor; unter Ärzten öfters auch spätere Gattin des Chefs.

verblindet: hier: Die Patienten und Forscher wissen nicht (genau), wonach in der Studie gesucht und gefragt wird und können daher auch nicht bewusst oder unbewusst pfuschen.

THC (Tetra-Hydro-Cannabiol), einer der beiden wichtigsten berauschenden Wirkstoffe aus Haschisch und Marihuana. THC entsteht meist erst durch Erhitzen der Ausgangsstoffe auf über 100 Grad Celsius und ist vor allem in Fett löslich. Daher auch die eigentümlichen Zubereitungsweisen in heißen Tees mit Sahne, brennendem Rauchwerk, Schokotorten usw.

Ventral: »bauchwärts«, von lat. *venter*, Bauch. Der Gegensatz ist dorsal: von lat. *dorsum*, Rücken: »rückenwärts«, »zum Rücken hin«.

VP: Abk. für Versuchsperson(en). Ohne Grund wird das Kürzel VP sowohl für die Einzahl als auch für die Mehrzahl verwendet.

VERÖFFENTLICHUNGEN DES AUTORS (AUSWAHL)

1995: »Vom Schneck zum Schreck. Der Gruselautor Edgar Allan Poe schrieb zuerst ein wissenschaftliches Schneckenbuch«. In: Die Zeit, 10/1995, S. 28.

1995: »Verräterische Muster. Erbgutanalysen helfen Kriminalisten, Künstlern, Kuratoren und Kohlmeisenforschern«. In: Die Zeit, 20/1995, S. 43.

1996: »Ungewollte Strangulation durch ein Fahrzeug. Der Tod von Isadora Duncan«. In: Rechtsmedizin, 7, S. 28f.

1997 (zus. mit S. Hasenbach / A. Kurtz / S. Meier / C. van Heumen / R. Zey): Lexikon der Forscher und Erfinder. Reinbek b. Hamburg: Rowohlt.

1998: Der Traum vom ewigen Leben. Die Biomedizin entschlüsselt das Rätsel des Alterns. München: Kindler Verlag.

1998: »Nie wieder nasse Bücher. Überflüssig aber nützlich. Unpatentierbare Chindogus machen die Welt schöner«. In: taz, 8.6.1998, S. 20.

1998: »Spinne im Salat. Insekten sind nahrhaft, eiweißreich und preisgünstig. Drei Kochbücher helfen bei ihrer Zubereitung«.
In: Die Zeit, 44/1998, S. 53.

1999: Kriminalbiologie. Bergisch Gladbach: BLT 1999.

1999: »Manche Tote leben länger. Lenins Leiche erzählt die Geschichte russischer Präparierkunst. Von ihr profitieren heute übel zugerichtete Mafiosi«. In: Die Zeit, 5/1999, S. 29.

2000: »Ein Gen namens *I'm not dead yet (indy)* (Alterungsgene). Der wissenschaftliche Kampf ums Ewige Leben, noch einmal von vorne betrachtet«. In: Süddeutsche Zeitung, 297/2000, S. V2/11, 27.

2000: »Patente Unternehmer. US-Patentbehörde erteilt Ideenschutz, ohne die Erfindungen zu prüfen«. In: Skeptiker, 1/2000, S. 40 f.

2001: »A Brief History of Forensic Entomology«. In: Forensic Science International, 120, S. 2–14.

2001: »Bigfoot auf Asiatisch. Wie zottelige Affenmänner immer wieder auferstehen und zuletzt in Indien gar eine Massenhysterie auslösten«. In: Süddeutsche Zeitung, 144/2001, S. V2/11.

2001: »Das sind keine Sachen, das sind Menschen. Professionelle Distanz ist für Kriminalbiologen eine zwingende Notwendigkeit. Bei den Gerichtsmedizinern von Manhattan bricht dieser Abwehrmechanismus zusammen«. In: Frankfurter Allgemeine Sonntagszeitung, 21.10.2001, S. 65.

2001: »Endlich Ruhe im Sarkophag. Das Ende des Pharaonenfluchs: Schimmelpilz oder Aberglaube, das ist hier die einzige Frage«. In: Süddeutsche Zeitung, 213/2001, SZ am Wochenende, S. III.

2001: »Geheimnisvolles Leben im Rechner. Auch Computer sind Lebensräume. Skizze eines unbekannten Zweigs der Bioinformatik«. In: Frankfurter Allgemeine Sonntagszeitung, 47/2001, S. 66.

2001: »Geliebte mit hunderttausend Volt. Die wachsende Gemeinde der Mastfreunde preist die tragisch verkannte Schönheit von Überlandkabelträgern«. In: Die Zeit, 29/2001, S. 30.

2001: »Scientific Dining: FBI Academ's Dining Hall, Quantico, Virginia«. In: Annals of Improbable Research, 7 (4), S. 19 ff.

2001: »Spontane menschliche Selbstentzündung. Ein Kriminalbiologe auf heißer Spur«. In: Skeptiker, 13, S. 216–219.

2001: »Verfängliche Linien. In den USA ist ein bizarrer Streit über die Beweiskraft des Fingerabdrucks entbrannt«. In: Süddeutsche Zeitung, 11.9.2001, S. V2/10.

(zus. mit F. Fehling): »Künstliche Intelligenz. Sieh mich, hör mich, fühl mich – und schalt mich aus!« In: Süddeutsche Zeitung, 198/2001, S. 19.

2002: »Kaspar Hausers Spur führt wieder ins Fürstenhaus. Neue genetische Untersuchung stärkt die Theorie, dass das berühmte Findelkind doch dem Hause Baden entstammte«. In: Süddeutsche Zeitung, 194/2002, S. 10.

2002: Der Traum vom ewigen Leben. Die Biomedizin entschlüsselt das Rätsel des Alterns. Leipzig, Reclam.

2002: Mordmethoden. Ermittlungen des bekanntesten Kriminalbiologen der Welt. Bergisch Gladbach: Lübbe Verlag.

2002: »Wunder des Insektenflugs. Nicht nur zum Fliegen sind sie da«. In: Frankfurter Allgemeine Sonntagszeitung, 24./25.6.2002, S. 67.

2002: (zus. mit M. Moser / M. Trepkes / N. Spauschus): »Milzbrand-Briefe – eine neue Waffe des Terrorismus?« In: Kriminalistik, 56, S. 112–116.

2003: »So blaue Augen. Die Niederland erlauben eine neue Form von Verbrecherjagd mit DNS-Spuren«. In: Süddeutsche Zeitung, 58/2003, S.V2/9.

2004: »Das Blutwunder von Neapel«. In: Skeptiker, 3/2004, S. 114 bis 117.

2004: »Das geht unter die Haut. Der Insektenwahn hat manchmal eine ganz natürliche Erklärung«. In: Die Zeit, 40/2004, S. 46.

2004: »Schabenfreude. Fauchschaben als Haustiere«. In: SZ Magazin der Süddeutschen Zeitung, 26/2004, S. 33.

2004: »Selige DNA-Analyse. Rechtsmediziner überprüfen ein christliches Wunder«. In: Süddeutsche Zeitung, 33/2004, S. 9.

2004: »The Nose of Tycho Brahe«. In: Annals of Improbable Research, Bd. 10, Juli/August 2004, S. 6 f.

2004 (zus. mit K. Greiner): »Sticht! Mücken-Quartett. Ein Insekten-Kartenspiel«. In: Neon, 8/2004, S. 106 f.

2005: Vorwort zu Medical Detectives. Köln: vgs Verlag.

2006: Schwerpunktartikel »Genetischer Fingerabdruck«. In: Der Große Brockhaus. Leipzig: F. A. Brockhaus Enzyklopädie in 30 Bänden, 21. Auflage, S. 449–454.

2010: »Zombies«. In: M. Fürst, F. Krautkrämer, S. Wiemer (Hrsg.) »Untot – Zombie Film Theorie«. München: Belleville

2011: »Criminal Investigator on Lint.« In: Annals of Improbable Research, Band 17, Heft 4 (July/August 2011), S. 2f.

2017: »Vom Hängen und Würgen« (Vorwort) In M. Sempf: »Dresdens schaurige Geheimnisse«, Dresden: Dresdner Buchverlag.

2017 (mit Wibke Becker): »Cyberwürmer.« Frankfurter Allgemeine Sonntagszeitung (Politik), 21. Mai 2017, Seite 6.

2019: »Was ist Wahrheit? Gezeigt am Beispiel der Spaßnobelpreise«. Vortrag, Friedrich-Naumann-Stiftung für die Freiheit, Juli 2019, https://youtu.be/s-jl71UNB3U

2020: Kat Menschiks und des Diplom- Biologen Doctor Rerum Medicinalium Mark Beneckes Illustriertes Thierleben, Berlin: Galiani